CELEBRACIÓN DE LAS EXEQUIAS

DE LA MUERTE A LA VIDA

SEGUNDA EDICIÓN

JOSEPH M. CHAMPLIN

LIBROS
LIGUORI

Imprimi Potest: Thomas F. Picton, CSsR
Provincial de la Provincia de Denver, los Redentoristas

Imprimatur: Conforme al CIC 827, el 19 de marzo de 2018, el reverendo Mark S. Rivituso, obispo auxiliar de la archidiócesis de St. Louis, concedió el permiso de publicación.

El Imprimátur es un permiso para la publicación que indica que la obra no contiene contradicciones con las enseñanzas de la Iglesia Católica, sin embargo no implica la aprobación de las opiniones que se expresan en ella. Con este permiso no se asume ninguna responsabilidad.

Para pedidos, llame al 800-325-9521
Liguori.org

ISBN 978-0-7648-2802-7
Número de la tarjeta de la Biblioteca del Congreso: 2018013601

Library of Congress Cataloging-in-Publication Data

Names: Catholic Church, author. | Champlin, Joseph M., writer of supplementary textual content.

Title: *Celebracion de las exequias de la muerte a la vida* / Joseph M. Champlin.

Description: Segunda edicion. | Liguori, Missouri : Libros Liguori, 2018. | "Título original: *Through Death to Life*, Ave Maria Press, Notre Dame, IN, 2002, 2012."

Identifiers: LCCN 2018013601 | ISBN 9780764828027

Subjects: LCSH: Funeral service—Catholic Church. | Catholic Church–Liturgy–Texts.

Classification: LCC BX2035.6 .F85242518 2018 | DDC 264/.023–dc23

LC record available at https://lccn.loc.gov/2018013601

Libros Liguori, una organización sin fines de lucro, es un apostolado de los Padres y Hermanos Redentoristas. Para más información, visite Redemptorists.com.

Diseño de la portada: Brian C. Conley. Imágen de la portada: © Getty Images/Jupiter Images

Impreso en Estados Unidos
25 24 23 22 21 / 7 6 5 4 3

Contenido

Un mensaje para la familia

Nosotros los cristianos siempre percibimos un rayo de esperanza aun en medio de las situaciones más sombrías. Nosotros creemos que la muerte no es solo un final, sino que es también un comienzo. Nuestro ser amado ha pasado de esta vida temporal a otra que es perfecta y permanente. Quien por su fe conoció a Dios en la tierra, ahora tiene ante sí a Dios en el cielo. Si bien la muerte nos separa, llegará el día en que nos reuniremos con todos los que amamos en "un edificio que es de Dios: una morada eterna, no hecha por mano humana, que está en los cielos" (2 Corintios 5:1).

Claro está que desconozco quién es usted y dónde se encuentra. Comprendo, sin embargo, que en estos momentos probablemente lo invaden sentimientos de confusión, tristeza, perplejidad y que incluso siente que es muy difícil sobreponerse a su pérdida. En el pasado ha habido momentos en los que usted ha manifestado su amor a otras personas a las que ha ofrecido consuelo y acompañado en el dolor por su pérdida. Durante las horas y los días que se avecinan, le tocará a usted dejarse amar, recibir consuelo y aceptar que lo ayuden a sobrellevar su dolor.

Cuando mi madre murió después de un largo y difícil batallar contra el cáncer, me aterraba pensar en el velorio, la misa de difuntos, el entierro y el posterior almuerzo. Me atormentaban múltiples preguntas. ¿No me derrumbaría? ¿Podría contener las lágrimas que con tanta facilidad fluían mis ojos? ¿Cómo podría soportar todas esas actividades públicas cuando lo que realmente deseaba era estar solo con mi sensación de vacío?

Al final, logré pasar por todo ello con mayor o menor éxito. Claro está que hubo momentos malos en los que fluyeron las lágrimas a pesar de mis esfuerzos por contenerlas, o en los que no podía articular siquiera una palabra. Pero me sorprendió el increíble apoyo y la fuerza que me transmitieron mis familiares, amigos, e incluso personas a las que apenas conocía.

Estoy convencido de que usted recibirá esas mismas bendiciones. Las palabras amables y la tranquila presencia de sus familiares, amigos y vecinos durante esos momentos tan difíciles lo ayudarán a recuperarse del pesar que lo agobia y a seguir adelante. Rezo por que sea usted capaz de abrir su corazón para recibir esas generosas bendiciones.

Cuando un católico muere, la Iglesia celebra una serie de ritos litúrgicos específicos con los que nos ayuda a transitar por esos primeros días de nuestro duelo, a expresar que creemos en la vida eterna y a rezar por el fallecido. Estos ritos están sistematizados en el llamado *Ritual de exequias cristianas*, el cual contiene todas las oraciones litúrgicas, lecturas de las Escrituras y bendiciones que serán empleados inmediatamente después de la muerte de un miembro de la Iglesia. El *Ritual* proporciona las oraciones dedicadas a los seres queridos en presencia de su cadáver en el velorio, la vigilia, la misa de difuntos, la oración de despedida y el rito de sepelio (que celebramos en el lugar del entierro o la cremación).

Este folleto contribuirá a que transcurran de manera ordenada esos días de difícil transición y profundo pesar y para ello lo ayudará a tomar parte en el planeamiento de la misa de difuntos de su ser querido.

JOSEPH M. CHAMPLIN

Utilización de este folleto

De la muerte a la vida contiene las oraciones, bendiciones y lecturas de las Escrituras de entre la que podrá realizar su selección al participar en el planeamiento de la misa de difuntos. Su párroco —o la persona por él designada— lo orientará acerca del uso de este folleto para seleccionar las oraciones y lecturas y lo ayudará en la toma de decisiones relativas a algunas otras partes del funeral. Una vez que haya hecho sus elecciones, usted podrá registrarlas en la planilla para la preparación de la misa de difuntos que aparece al final del folleto y que entregará después al sacerdote o a algún otro ministro pastoral para que el personal de la parroquia pueda hacer los preparativos finales para la liturgia.

La misa de difuntos constituye el oficio central del *Ritual de exequias cristianas* y debe ser una fuente de gran consuelo para todos los reunidos en su celebración. La participación de usted en el planeamiento de la misa junto a su párroco o a la persona por él designada, le permitirá expresar mejor su amor por la persona difunta, su profundo pesar por su muerte y su fe en nuestro benévolo y misericordioso Dios que nos promete la vida eterna.

Lea primeramente la breve caracterización que comienza en la página viii y pase después a las diversas oraciones, lecturas de las Escrituras y otras opciones disponibles, y escoja de entre ellas las que desee utilizar para cada parte de la liturgia. Son muchas opciones posibles entre las que podrá escoger para la misa fúnebre y puede que sienta usted que carece de la presencia de ánimo necesaria para la tarea o del deseo de leer y reflexionar sobre todo ello. En ese caso, hable con su párroco o con otro ministro parroquial acerca de cómo pudiera simplificarse su función.

La música es esencial en todas las celebraciones litúrgicas y es especialmente importante en el caso de la misa de difuntos. Ella puede ser fuente de gran consuelo y expresar la profundidad de la fe. Este folleto no presenta opciones musicales puesto que ellas difieren en muy alto grado en dependencia de las pautas y costumbres locales y también de las facultades de la parroquia. Para conocer de qué música se puede disponer, diríjase, por favor, a su párroco o a la persona por él designada.

Algunas personas utilizan *De la muerte a la vida* para planificar sus propias exequias. Cuando una persona ha llegado a alcanzar un cierto grado de aceptación del tiempo que le queda de este lado de la vida, el leer estas páginas con sus familiares y amigos puede ser algo hermoso. Este acto de planeamiento anticipado profundiza la fe, fortalece la esperanza y es una profunda expresión del amor compartido con esas personas. No cabe duda alguna acerca de que planificar la propia misa de difuntos puede resultar una experiencia difícil pero, así todo, muchas personas hallan en ello una profunda recompensa espiritual y emocional. Cabe destacar que este folleto puede servir de compañía confiable en dicho proceso.

Caracterización general del funeral católico

1. Ritos introductorios

El funeral católico comienza a la puerta de la iglesia, donde se recibe el cuerpo de la persona fallecida y se acoge a los dolientes. El sacerdote y los ministros que le ayudan reciben en el vestíbulo a la familia y a otras relaciones cercanas, y se lleva entonces el féretro al interior del templo. El sacerdote los saluda y asperja agua bendita sobre el ataúd, rememorando con ello el agua del bautismo mediante el cual la persona fallecida ingresó a la Iglesia y Cristo lo hizo suyo. A continuación, familiares, amigos o representantes de la parroquia cubren el féretro con el paño mortuorio, un paño blanco con el que se rememora la vestimenta blanca que usó la persona fallecida en su bautismo.

La procesión de entrada comienza entonces – generalmente con el acompañamiento de un canto de entrada. Una vez que todos han ocupado sus lugares, se puede colocar sobre el féretro, ya sea en silencio o pronunciando unas sencillas palabras, un símbolo de la vida cristiana –por ejemplo, una Biblia o una cruz. Entonces, quien preside la ceremonia ocupa su asiento y reza en voz alta la oración Colecta u oración inicial.

2. Liturgia de la Palabra

El *Ritual de exequias cristianas* prescribe una o dos lecturas antes de la proclamación del Evangelio. Cuando se adopta la variante de las dos lecturas, es preferible que cada una de ellas esté a cargo de un lector diferente. Se canta un salmo responsorial como respuesta piadosa a la primera lectura y se canta un Aleluya o la Aclamación del Evangelio para preparar a todos los reunidos para recibir a Cristo, quien se hará presente en la proclamación del Evangelio. Esta parte de la misa de difuntos concluye con una breve homilía y las intercesiones generales.

3. Liturgia de la Eucaristía

Cuando el funeral se celebra fuera de la misa, la liturgia prosigue con la última recomendación y la despedida, tal como que comienza en la página 89.

Cuando se celebra la misa de difuntos, el rito prosigue con la liturgia de la Eucaristía. Ella comienza cuando familiares o amigos de la persona fallecida llevan las ofrendas del pan y el vino. El sacerdote y los ministros que le ayudan reciben las ofrendas y las preparan, así como también el altar, para la gran plegaria eucarística que viene a continuación. Esta oración ofrece a Dios nuestra alabanza y nuestra acción de gracias al conmemorar lo que Jesús hizo la noche antes de su muerte mientras cenaba con sus discípulos. El sacerdote consagra el pan y el vino que se convierten para nosotros en el cuerpo y la sangre de Cristo.

A continuación comienza el rito de la Comunión con la Oración del Señor, a la que le siguen el intercambio del saludo de paz y el Cordero de Dios. Los presentes que están en condiciones de hacerlo pasan entonces a recibir la Sagrada Comunión mientras se entona un cántico apropiado.

4. Última recomendación y despedida

Es preferible que este rito sea celebrado después de la misa de difuntos en el cementerio o en lugar escogido para la sepultura y no en la iglesia.

Éste es, con frecuencia para los dolientes el momento más difícil de toda la liturgia de las honras fúnebres ya que tiene como propósito despedir al ser amado y confiárselo a la tierna misericordia de nuestro Señor. Un miembro de la familia u otra persona cercana y querida puede decir, después de la comunión, unas breves palabras en recordación del difunto. El sacerdote pronunciará entonces unas breves palabras explicativas, todos entonarán juntos un cántico de despedida y será pronunciada la oración de recomendación.

Cuando sea costumbre hacerlo, se asperjará agua bendita sobre el ataúd y se le sahumará con incienso. La aspersión es otra rememoración del bautismo en el cual el ahora difunto recibió el don de la vida eterna, y el sahumerio contribuye a que los dolientes expresen su profundo respeto por el cuerpo como residencia del Espíritu Santo. La liturgia fúnebre concluye con una procesión hasta el lugar donde se procederá a sepultarlo. "Esta procesión final del rito funeral refleja el tránsito de la vida humana como peregrinos al reino de paz y de luz de Dios, la nueva y eternal Jerusalén" (*Ritual de exequias cristianas*, 148).

Hay ocasiones en las que no resulta sensato ni posible celebrar una misa de difuntos y en esos casos se emplea una segunda forma de la liturgia fúnebre. Esa segunda forma tiene la misma estructura básica y la mayor parte de los elementos de la misa de difuntos propiamente dicha, pero no incluye la liturgia de la Eucaristía.

Las restantes página de *De la muerte a la vida* contienen las opciones de las que se dispone para las oraciones, lecturas y otros textos litúrgicos que se utilizan en cada una de las cuatro partes principales de la misa de difuntos. Registre sus selecciones en la planilla para la preparación de dicha misa que aparece al final del folleto. Cuando haya terminado de hacerlo, entréguela a su párroco o al ministro de la parroquia que lo esté ayudando con el plan de las exequias.

Esté al tanto de la presencia del símbolo con el cual se le indicarán los puntos en los que usted deberá realizar una selección.

Ritos introductorios

Saludo
Aspersión con el agua bendita
Colocación del palio funerario
Procesión de entrada
Colocación de los símbolos cristianos
Oración colecta

Saludo  (REC, 159)*

El sacerdote se dirige con los ministros asistentes hacia la puerta de la iglesia y allí recibe a los presentes con uno de los siguientes saludos, o con palabras semejantes.

A1 (159-A)

La gracia de nuestro Señor Jesucristo,
el amor del Padre y
la comunión del Espíritu Santo
estén con todos ustedes.
R. Y con tu espíritu.

A2 (159-B)

La gracia y la paz de parte de Dios, nuestro Padre,
y de Jesucristo, el Señor, estén con todos ustedes.
R. Y con tu espíritu.

*Números del *Ritual de exequias cristianas*.

A3   (159-C)

El Dios de la vida, que ha resucitado a Jesucristo,
rompiendo las ataduras de la muerte,
esté con todos ustedes.
> R. Y con tu espíritu.

A4   (159-D)

El Padre de las misericordias, el Dios de todo consuelo,
permanezca siempre con ustedes.
> R. Y con tu espíritu.

Aspersión del agua bendita   (160 and 433)

Después el sacerdote rocía el ataúd con agua bendita mientras dice:

En las aguas del Bautismo
N. murió con Cristo y con él resucitó a una vida nueva.
Que él(ella) participe ahora con Cristo de la gloria eterna.

*Cuando el cadáver ha sido cremado, el sacerdote asperja los restos con agua bendita
al tiempo que dice:*

Así como N. ha muerto con el Señor, viva con Él en la gloria.

Colocación del palio funerario (opcional)   (161)

*[Si es la costumbre de la comunidad, los miembros de la familia las amistades o el
sacerdote colocan ahora el palio funerario sobre el ataúd, ya sea en silencio o mientras
el sacerdote dice estas palabras u otras semejantes.]*

En el día del Bautismo
N. fue revestido (revestida) de Cristo.
Que Dios lo (la) acoja ahora en la plenitud de su amor
y lo (la) lleve a la vida eterna.
> R. Amén.

Procesión de entrada (162)

El cirio pascual se puede colocar de antemano cerca del sitio que ocupará el ataúd al final de la procesión. El sacerdote y los ministros asistentes conducen el ataúd y a los dolientes hacia el interior de la iglesia. Durante la procesión se entona un salmo, un canto o un responsorio.

Colocación de los símbolos cristianos (opcional)(163, 86)

[Se puede llevar en procesión un símbolo de la vida cristiana, tal como el evangeliario, una Biblia, o una cruz; después se coloca sobre el ataúd, ya sea en silencio o mientras se recita un texto.]

Libro de los Evangelios o Biblia (400-1)

Mientras se coloca sobre el ataúd el Libro de los Evangelios o Biblia, el que preside dice estas palabras u otras semejantes:

En vida N. tuvo en gran estima el Evangelio de Cristo.
Que Cristo lo (la) reciba con estas palabras de vida eterna:
¡Ven, bendito (bendita) de mi Padre!

Cruz (400-2)

El que preside pronuncia las siguientes palabras u otras semejantes mientras se coloca una cruz sobre el ataúd.

En el Bautismo N. recibió el signo de la cruz.
Que ahora él(ella) participe
de la victoria de Cristo sobre el pecado y la muerte.

Una Cruz en el caso de unos niños no bautizados (400-3)

La cruz que el Señor Jesucristo cargó en la hora de su sufrimiento es la cruz que ahora traemos aquí y colocamos sobre [cerca de] este ataúd como signo de nuestra esperanza por N.

Mientras se coloca la cruz sobre el [o cerca del] ataúd, el que preside dice:

Señor Jesucristo, tú nos amaste hasta la muerte,
concédenos que esta cruz sea un signo de tu amor por N.
y por el pueblo que has congregado aquí en tu presencia.

Oración colecta   (163–64)

Cuando todos han llegado a sus sitios, el sacerdote invita a la asamblea a orar.

Oremos.

Después de un breve período de oración en silencio, el sacerdote canta o recita una de las oraciones siguientes.

Seleccione, por favor, una de las siguientes oraciones y anótela en la planilla para la preparación de la misa de difuntos. Utilice para ello el número de la página y el código compuesto por letras y números que aparece como encabezamiento de cada oración.

Fuera del tiempo pascual

B1   (164-A)

Dios y Padre todopoderoso,
nuestra fe nos asegura
que tu Hijo, muerto en la cruz,
fue resucitado de entre los muertos
como primicia de todos los que han muerto.
Por este misterio, concede que tu siervo (sierva) N.,
que ha partido al descanso en Cristo,
pueda participar en el gozo de su resurrección.
Por nuestro Señor Jesucristo, tu Hijo,
que vive y reina contigo en la unidad del Espíritu Santo
y es Dios por los siglos de los siglos.
R. Amén.

B2   (164-B)

Oh Dios,
a quien pertenecen el perdón y la misericordia,
escucha nuestras oraciones por tu siervo (sierva) N.,
a quien llamaste de este mundo;
y ya que él (ella) puso su esperanza y confianza en ti,
haz que sea llevado (llevada) felizmente al hogar de los cielos
y alcance el gozo de tu eterna compañía.
Por nuestro Señor Jesucristo, tu Hijo,
que vive y reina contigo en la unidad Espíritu Santo
y es Dios por los siglos de los siglos.
R. Amén.

B3 (164-C)

Oh Dios,
en quien los pecadores encuentran misericordia
y los santos gozo,
te rogamos por nuestro hermano (nuestra hermana) N.,
cuyo cuerpo honramos con sepultura cristiana,
para que pueda ser liberado (liberada) de los lazos de la muerte.
Admítelo (admítela) en la gozosa compañía de tus santos y
resucítalo (resucítala) en el último día
para que se regocije en tu presencia eternamente.
Por nuestro Señor Jesucristo, tu Hijo,
que vive y reina contigo en la unidad del Espíritu Santo
y es Dios por los siglos de los siglos.
R. Amén.

Durante el tiempo pascual

B4 (164-D)

Escucha, Señor, nuestras súplicas,
para que, al confesar la resurrección de tu Hijo,
se afiance también la esperanza
de que nuestro hermano (nuestra hermana) resucitará.
Por nuestro Señor Jesucristo, tu Hijo,
que vive y reina contigo en la unidad del Espíritu Santo
y es Dios por los siglos de los siglos.
R. Amén.

General

B5 (398-1)

Escucha, Señor, nuestras súplicas
y haz que tu siervo (sierva) N.,
que acaba de salir de este mundo,
perdonado (perdonada) de sus pecados
y libre de toda pena,
goce junto a ti de la vida inmortal;
y, cuando llegue el gran día
de la resurrección y del premio,
colócalo (colócala) entre tus santos y elegidos.
Por Jesucristo, nuestro Señor.
R. Amén.

B6

Presta oídos, Señor, a las oraciones
con que imploramos tu misericordia
en favor de nuestro hermano (nuestra hermana) N.;
tú que lo (la) hiciste miembro de la Iglesia
    durante su vida mortal,
llévalo (llévala) contigo a la patria de la luz,
para que ahora participe también de la ciudadanía
    del los santos.
Por Jesucristo, nuestro Señor.
R. Amén.

B7

Señor, Padre santo, Dios todopoderoso y eterno,
humildemente te suplicamos por tu siervo (sierva) N.,
a quien acabas de llamar de este mundo;
dígnate llevarlo (llevarla)
al lugar del descanso, de la luz y de la paz,
para que, franqueadas victoriosamente
las puertas de la muerte,
habite con tus santos en el cielo,
en la luz que prometiste a Abrahán
y a sus descendientes por siempre.

Acéptalo (Acéptala) bajo tu protección,
perdona sus pecados y faltas,
y en el gran día del juicio
resucítalo (resucítala) junto con todos los santos
para que herede tu reino eternamente.
Por Jesucristo, nuestro Señor.
R. Amén.

B8 (398-4)

Te encomendamos, Señor,
a nuestro hermano (nuestra hermana) N.,
a quien en esta vida mortal
rodeaste siempre con tu amor;
concédele ahora que, libre de todos sus males,
participe en tu descanso eterno,
y, pues para él (ella) acabó ya este primer mundo,
admítelo (admítela) ahora en tu paraíso,
donde no hay llanto ni luto ni dolor,
sino paz y alegría sin fin,
con tu Hijo y el Espíritu Santo,
por los siglos de los siglos.
R. Amén.

B9 (398-5)

Dios y Padre todopoderoso,
nuestra fe nos asegura
que tu Hijo, muerto en la cruz,
fue resucitado de entre los muertos
como primicia de todos los que han muerto.
Por este misterio, concede que tu siervo (sierva) N.,
que ha partido al descanso en Cristo,
pueda participar en el gozo de su resurrección.
Por Jesucristo, nuestro Señor.
R. Amén.

B10 (398-6)

Dios nuestro,
gloria de los fieles y vida de los justos,
nosotros, los redimidos
por la muerte y resurrección de tu Hijo,
te pedimos que recibas con bondad
a tu siervo (sierva) N.,
que creyó en la futura resurrección,
y le concedas alcanzar los gozos
de la eterna bienaventuranza.
Por Jesucristo, nuestro Señor.
R. Amén.

B11

(398-7)

Dios, Padre todopoderoso,
que por el Bautismo nos has configurado
con la muerte y resurrección de tu Hijo,
concede a tu siervo (sierva) N.,
que, libre de los lazos de la muerte,
pueda gozar de la compañía de tus elegidos.
Por Jesucristo, nuestro Señor.
R. Amén.

B12

(398-8)

Escucha, Señor, nuestras súplicas,
para que, al confesar la resurrección de tu Hijo,
se afiance también la esperanza
de que nuestro hermano (nuestra hermana) resucitará.
Por Jesucristo, nuestro Señor.
R. Amén.

B13

(398-9)

Señor Dios,
ante quien viven los que están destinados a la muerte
y para quien nuestros cuerpos, al morir, no perecen,
sino que se transforman y adquieren una vida mejor,
te pedimos humildemente que acojas
el alma de tu siervo (sierva) N.,
y la coloques junto a nuestro padre Abrahán, tu amigo,
para que pueda resucitar con gloria
en el día grande del juicio;
y, si en algo pecó contra ti durante esta vida,
que tu amor misericordioso
lo (la) purifique y lo (la) perdone.
Por Jesucristo, nuestro Señor.
R. Amén.

B14

(398-10)

Señor misericordioso,
te pedimos humildemente
que acojas a tu siervo (sierva) N.
y le concedas la abundancia de tu perdón;
dígnate purificarlo (purificarla)

de todo lo que lo (la) manchó en este mundo,
para que, libre de toda atadura mortal,
merezca pasar a la vida.
Por Jesucristo, nuestro Señor.
R. Amén.

B15   (398-11)

Prepara nuestros corazones, Señor,
a escuchar tu palabra,
para que encontremos por ella
luz en nuestra oscuridad,
fe en nuestra duda,
y nos consolemos mutuamente.
Por Jesucristo, nuestro Señor.
R. Amén.

B16   (398-12)

Oh Dios,
a quien pertenecen el perdón y la misericordia,
escucha nuestras oraciones por tu siervo (sierva) N.,
a quien llamaste de este mundo;
y ya que él (ella) puso su esperanza y confianza en ti,
haz que sea llevado (llevada) felizmente al hogar de los cielos
y alcance el gozo de tu eterna compañía.
Por Jesucristo, nuestro Señor.
R. Amén.

B17   (398-13)

Oh Dios,
en quien los pecadores encuentran misericordia
y los santos gozo,
te rogamos por nuestro hermano (nuestra hermana) N.,
cuyo cuerpo honramos con sepultura cristiana,
para que pueda ser liberado (liberada) da los lazos
        de la muerte.
Admítelo (admítela) en la gozosa compañía de tus santos
y resucítalo (resucítala) en el último día
para que se regocije en tu presencia eternamente.
Por Jesucristo, nuestro Señor.
R. Amén.

Por el Papa

B18   (398-14)

Oh Dios,
de quien los justos reciben segura recompensa,
concede que tu siervo N., nuestro Papa,
al que tú hiciste vicario de Pedro y pastor de tu Iglesia,
se regocije para siempre en la visión de tu gloria,
ya que él fue fiel guardián aquí en la tierra
de los misterios de tu perdón y tu gracia.
Por Jesucristo, nuestro Señor.
R. Amén.

Por el obispo diocesano (residencial o emérito)

B19   (398-15)

Dios omnipotente y misericordioso,
Pastor eterno de tu pueblo,
escucha nuestras súplicas
y permite que tu siervo, nuestro Obispo N.,
al que tú confiaste el cuidado de esta Iglesia,
entre a participar del gozo de su eterno Maestro,
y reciba allí la abundante recompensa a sus labores.
Por Jesucristo, nuestro Señor.
R. Amén.

Por un obispo que no fue el pastor propio

B20   (398-16)

Oh Dios,
tú escogiste a tu siervo N.
de entre tus sacerdotes
para realizar el ministerio episcopal.
Concédele compartir la eterna compañía de los sacerdotes
que, fieles a las enseñanzas de los apóstoles,
moran en tu reino celestial.
Por Jesucristo, nuestro Señor.
R. Amén.

Por un presbítero

B21 (398-17)

Dios de misericordia y bondad,
concede a N., tu siervo y sacerdote,
un lugar glorioso en tu mesa celestial,
ya que tú lo hiciste aquí en la tierra
ministro fiel de tu palabra y de tu sacramento.
Por Jesucristo, nuestro Señor.
R. Amén.

B22 (398-18)

Oh Dios,
escucha benigno nuestras oraciones
que te ofrecemos por tu siervo y sacerdote,
y permite que N.,
que se comprometió celosamente al servicio de tu nombre,
se regocije para siempre en la compañía de tus santos.
Por Jesucristo, nuestro Señor.
R. Amén.

B23 (398-19)

Señor Dios,
tú escogiste a nuestro hermano N. como sacerdote
para servir a tu pueblo
y compartir con él sus gozos y penas.

Míralo con misericordia
y concédele la recompensa a sus esfuerzos:
la plenitud de la vida que has prometido
a los que predican tu santo Evangelio.
Por Jesucristo, nuestro Señor.
R. Amén.

Por un diácono

B24 (398-20)

Dios de misericordia,
del mismo modo que una vez elegiste
a siete hombres de buena fama
para que sirvieran a tu Iglesia,
elegiste a N. para que fuera tu siervo y diácono.
Concédele que se regocije en tu eterna compañía
con todos los que proclamaron tu Evangelio,
ya que te sirvió sin descanso en su ministerio aquí en la tierra.
Por Jesucristo, nuestro Señor.
R. Amén.

B25 (398-21)

Señor Dios,
tú enviaste a tu Hijo al mundo
a predicar la Buena Nueva de la salvación
y a derramar su Espíritu de gracia sobre tu Iglesia.

Mira con bondad a tu siervo N.
Como diácono de la Iglesia
fue fortalecido por el don del Espíritu
para predicar la Buena Nueva,
para servir en tu asamblea,
y para realizar obras de caridad.

Concédele la recompensa prometida
a los que manifiestan su amor por ti
con el servicio a su prójimo.
Por Jesucristo, nuestro Señor.
R. Amén.

Por un religioso laico o una religiosa

B26 (398-22)

Dios todopoderoso,
te rogamos por nuestro hermano (nuestra hermana) N.,
que respondió al llamado de Cristo
y siguió con entusiasmo las sendas del amor perfecto.

Concédele participar en el regocijo
del día de la manifestación de tu gloria
y que en compañía de todos sus hermanos y hermanas
comparta para siempre la felicidad de tu reino.
Por Jesucristo, nuestro Señor.
R. Amén.

B27 (398-23)

Oh Dios,
fuente de toda bendición y santidad,
la voz de tu Espíritu ha llamado
a innumerable hombres y mujeres
a seguir a Jesucristo y a vincularse a ti
con ánimo decidido y un corazón lleno de amor.

Mira con bondad a N.
quien se esforzó por cumplir sus votos,
y concédele la recompensa prometida
a todos los siervos buenos y fieles.
Por Jesucristo, nuestro Señor.
R. Amén.

Por alguien que trabajó al servicio del Evangelio

B28 (398-24)

Señor, imploramos humildemente tu misericordia,
para que nuestro hermano (nuestra hermana) N.,
que entregó su vida al servicio del Evangelio,
alcance el premio de tu reino.
Por Jesucristo, nuestro Señor.
R. Amén.

Por un niño bautizado (una niña bautizada)

B29 (398-25)

Señor, en nuestro dolor invocamos tu misericordia:
escucha nuestras súplicas,
y reúnenos un día de nuevo con N.,
quien, creemos firmemente,
goza ya de la vida eterna en tu reino.
Por Jesucristo, nuestro Señor.
R. Amén.

B30

Te rogamos humildemente, Señor,
que acojas en el paraíso
al niño (a la niña) N., a quien tanto amas;
que goce junto a ti en aquel lugar,
donde no hay llanto ni luto ni dolor,
sino paz y alegría sin fin,
con tu Hijo y el Espíritu Santo,
por los siglos de los siglos.
R. Amén.

Por una persona joven

B31

A ti, Señor, que eres el dueño de la vida humana,
y quien dispone su término,
te encomendamos a nuestro hermano (nuestra hermana) N.,
cuya temprana muerte nos aflige,
para que su juventud vuelva a florecer
junto a ti, en tu casa y para siempre.
Por Jesucristo, nuestro Señor.
R. Amén.

B32

Señor Dios,
en tu amorosa providencia
nos diste a N.
para que creciera en sabiduría, edad, y gracia.

Ahora que lo (la) has llamado a tu presencia,
dale su plenitud en Cristo
con todos los ángeles y santos,
que conocen tu amor y glorifican tu voluntad salvadora.
Por Jesucristo, nuestro Señor.
R. Amén.

Por los padres

B33   (398-29)

Dios nuestro, tú que nos has mandado honrar
a quienes nos dieron la vida,
ten misericordia de mi padre
(mi madre) (mis padres) (nuestros padres),
perdónale (s) sus pecados
y haz que volvamos a encontrarnos
en el gozo eterno de tu gloria.
Por Jesucristo, nuestro Señor.
R. Amén.

Por un padre o una madre

B34   (398-30)

Dios de nuestros antepasados en la fe,
por la alianza del Sinaí
enseñaste a tu pueblo a fortalecer los lazos familiares
por la fe, el honor, y el amor.
Mira con bondad a N., padre amoroso (madre amorosa),
que se esforzó por guiar a sus hijos hacia ti.
Llévalo (llévala) a tu hogar celestial
donde los santos moran en paz y felicidad.
Por Jesucristo, nuestro Señor.
R. Amén.

Por los cónyuges

B35   (398-31)

Señor, que tu misericordia absuelva de todas sus culpas
a tus hijos N. y N.,
a quienes el amor conyugal unió en esta vida,
para que la plenitud de tu amor
los una para siempre en la vida eterna.
Por Jesucristo, nuestro Señor.
R. Amén.

B36 (398-32)

Padre eterno,
que desde el principio
estableciste el amor del hombre y de la mujer
como signo de creación,
concede misericordia y paz a N. y N.,
quienes, por su amor mutuo,
fueron signos del amor creador,
Por Jesucristo, nuestro Señor.
R. Amén.

B37 (398-33)

Oh Dios,
que estableciste el matrimonio
como figura de las bodas del Cordero,
mira con misericordia a N. y N.
y condúcelos al banquete de los santos
en tu mansión celestial.
Por Jesucristo, nuestro Señor.
R. Amén.

Por una esposa

B38 (398-34)

Dios eterno,
que hiciste de la unión del hombre y la mujer
un signo del vínculo de Cristo con la Iglesia,
concede misericordia y paz a N.,
que estuvo unido en amor a su esposo N.
Por su solicitud y devoción a su familia en este mundo
asócialo a los gozos de tu familia en el cielo.
Por Jesucristo, nuestro Señor.
R. Amén.

Por un esposo

B39 (398-35)

Dios eterno,
que hiciste de la unión del hombre y la mujer
un signo del vínculo de Cristo con la Iglesia,
concede misericordia y paz a N.,
que estuvo unido en amor a su esposa N.
Por su solicitud y devoción a su familia en este mundo
asócialo a los gozos de tu familia en el cielo.
Por Jesucristo, nuestro Señor.
R. Amén.

Por un no cristiano casado con una persona católica

B40 (398-36)

Creador fiel y todopoderoso,
cuanto existe es obra tuya y nos formaste a tu imagen.
Acoge bondadoso el alma de N.,
unido (unida) en matrimonio a tu hija (hijo) N.
Consuela los corazones de los que lo (la) aman
con la esperanza de que encontrará
paz y descanso en tu reino.
Por Jesucristo, nuestro Señor.
R. Amén.

Por una persona anciana

B41 (398-37)

Dios eterno,
refugio y fortaleza nuestra de generación en generación,
antes de que nacieran las montañas,
antes de que la tierra fuera hecha, tú eres Dios.
Apiádate de tu siervo (sierva) N.
cuya larga vida dedicó a tu servicio.
Concédele un lugar en tu reino,
donde es firme la esperanza para los que te aman
y seguro el descanso para los que te sirven.
Por Jesucristo, nuestro Señor.
R. Amén.

B42   (398-38)

Dios misericordioso,
te damos gracias por la larga vida de tu siervo (sierva) N.,
que ahora descansa de la carga de sus años.
Ya que te sirvió con fidelidad durante su vida,
concédele la plenitud de tu paz y de tu gozo.

Te lo pedimos en el nombre de Jesús,
nuestro Señor resucitado,
que vive y reina por los siglos de los siglos.
R. Amén.

Por alguien que falleció después de una larga enfermedad

B43   (398-39)

Dios nuestro, que quisiste
que nuestro hermano (nuestra hermana) N.
te sirviera en la prueba de su larga enfermedad,
te pedimos que quien fue paciente
a ejemplo de tu Hijo,
alcance el premio de su misma gloria.
Por Jesucristo, nuestro Señor.
R. Amén.

B44   (398-40)

Dios siempre fiel,
grande es el valor de los que esperan en ti.
Tu siervo (sierva) N. sufrió mucho,
pero puso su confianza en tu misericordia.
Creemos que la súplica de los que lloran
traspasa las nubes y encuentra respuesta.
Te pedimos que des descanso a N.
No tomes en cuenta sus pecados,
sino mira sus sufrimientos
y concédele alivio, luz, y paz en tu reino.
Por Jesucristo, nuestro Señor.
R. Amén.

B45 (398-41)

Oh Dios,
tú eres agua para nuestra sed
y maná en nuestro desierto.
Te bendecimos por la vida de N.
y alabamos que tu misericordia
haya dado fin a su sufrimiento.
Ahora te pedimos esa misma infinita misericordia
para que lo (la) resucites a una nueva vida
y alimentado (alimentada) con manjares,
descanse para siempre
en el gozo de Jesucristo, nuestro Señor.
R. Amén.

Por alguien que falleció de forma repentina

B46 (398-42)

Señor, que tu infinita bondad
nos consuele en el dolor
de esta muerte inesperada
e ilumine nuestra pena
con la firme confianza
de que nuestro hermano (nuestra hermana) N.
vive ya feliz en tu compañía.
Por Jesucristo, nuestro Señor.
R. Amén.

Por alguien que murió de forma accidental o violenta

B47 (398-43)

Señor Dios nuestro,
tú eres siempre fiel y rico en misericordia.
Nuestro hermano (nuestra hermana) N.
nos fue arrebatado (arrebatada) repentinamente
[repentina y violentamente].
Acude presuroso en su ayuda,
ten misericordia de él (ella),
y consuela a su familia y amigos
con el poder y la protección de la cruz.
Por Jesucristo, nuestro Señor.
R. Amén.

Por un (una) suicida

B48

Dios, que amas las almas de tus fieles,
cuida de tu obra
y mira con bondad a tu siervo (sierva) N.
Por la sangre de la cruz
perdónale sus faltas y pecados.

Recuerda le fe de los que sufren
y satisface su ansia de ver ese día
cuando todos seremos renovados
en Jesucristo, Señor nuestro,
que vive y reina contigo por los siglos de los siglos.
R. Amén.

B49

Dios todopoderoso y Padre de todos,
tú nos fortaleces por el misterio de la cruz
y el sacramento de la resurrección de tu Hijo.
Ten misericordia de nuestro hermano (nuestra hermana) N.
Perdona todos sus pecados y concédele la paz.
Que los que lloramos esta muerte repentina
seamos consolados por tu poder y protección.
Por Jesucristo, nuestro Señor.
R. Amén.

Por varias personas

B50
(398-46)

Señor,
en las aguas del Bautismo
tú les diste nueva vida a N. y N.;
muéstrales ahora tu misericordia
y llévalos (llévalas) a la felicidad de la vida en tu reino.
Por Jesucristo, nuestro Señor.
R. Amén.

B51
(398-47)

Dios todopoderoso,
que nunca niegas tu misericordia
a los que esperan en ti,
mira con bondad a tus siervos (siervas) N. y N.,
que dejaron esta vida confesando tu nombre,
y cuéntalos (cuéntalas) entre tus santos eternamente.
Por Jesucristo, nuestro Señor.
R. Amén.

Liturgia de la Palabra

Acerca de las lecturas
Primera lectura
En tiempo no pascual: Antiguo Testamento
Durante el tiempo pascual: Nuevo Testamento
Salmo responsorial
Segunda lectura
Cántico de Aleluya y cántico previo a la proclamación del Evangelio
Lectura del Evangelio
Intercesiones generales

Acerca de las lecturas

En colaboración con el sacerdote o con algún otro ministro de la parroquia que le esté ayudando en ello, seleccione una lectura de cada uno de los siguientes grupos: primera lectura, salmo responsorial, segunda lectura, cántico de aleluya y lectura de los Evangelios. Las selecciones realizadas puede dejarlas registradas en la planilla para la preparación de la misa de difuntos utilizando para ese fin el código compuesto por letras y números que aparece en el lado izquierdo de cada lectura. Por favor, anote también en la planilla el número de la página. El número que aparece entre paréntesis a la derecha es el número correspondiente a esa lectura en el leccionario. El personal de la parroquia lo usará para marcar adecuadamente las secciones del leccionario para que accedan a ellas fácilmente los encargados de las lecturas durante la ceremonia.

En la celebración de la misa de difuntos no podrá sustituirse las lecturas de la Escrituras con textos no bíblicos.

Primera lectura

En tiempo no pascual: Antiguo Testamento

C1 Yo sé bien que mi defensor está vivo.

Job 19,1.23-27 (80)*

Lectura del libro de Job

En aquello días, Job tomó la palabra y dijo: "Ojalá que mis palabras se escribieran; ojalá que se grabaran en láminas de bronce o con punzón de hierro se esculpieran en la roca para siempre.

Yo sé bien que mi defensor está vivo y que al final se levantará a favor del humillado; de nuevo me revestiré de mi piel y con mi carne veré a mi Dios; yo mismo lo veré y no otro, mis propios ojos lo contemplarán. Ésta es la firme esperanza que tengo".

Palabra de Dios.

Forma extensa:

C2 Los aceptó como un holocausto agradable.

Sabiduría 3,1-9 (93)

Lectura del libro de la Sabiduría

Las almas de los justos están en las manos de Dios
y no los alcanzará ningún tormento.
Los insensatos pensaban que los justos habían muerto,
que su salida de este mundo era una desgracia
y su salida de entre nosotros, una completa destrucción.
Pero los justos están en paz.

*Las lecturas, los salmos y Evangelios son de *Leccionario III: Propio de los santos y otras misas.*

La gente pensaba que sus sufrimientos eran un castigo,
pero ellos esperaban confiadamente la inmortalidad.
Después de breves sufrimientos
recibirán una abundante recompensa,
pues Dios los puso a prueba
y los halló dignos de sí.
Los probó como oro en el crisol
y los aceptó como un holocausto agradable.

En el día del juicio brillarán los justos
como chispas que se propagan en un cañaveral.
Juzgarán a las naciones y dominarán a los pueblos,
y el Señor reinará eternamente sobre ellos.
Los que confían en el Señor comprenderán la verdad
y los que son fieles a su amor permanecerán a su lado,
porque Dios ama a sus elegidos y cuida de ellos.

Palabra de Dios.

O bien: Forma breve:

Sabiduría 3,1-6.9

Lectura del libro de la Sabiduría

Las almas de los justos están en las manos de Dios
y no los alcanzará ningún tormento.
Los insensatos pensaban que los justos habían muerto,
que su salida de este mundo era una desgracia
y su salida de entre nosotros, una completa destrucción.
Pero los justos están en paz.

La gente pensaba que sus sufrimientos eran un castigo,
pero ellos esperaban confiadamente la inmortalidad.
Después de breves sufrimientos
recibirán una abundante recompensa,
pues Dios los puso a prueba
y los halló dignos de sí.
Los probó como oro en el crisol
y los aceptó como un holocausto agradable.

Los que confían en el Señor comprenderán la verdad
y los que son fieles a su amor permanecerán a su lado,
porque Dios ama a sus elegidos y cuida de ellos.

Palabra de Dios.

C3 La edad avanzada se mide por una vida intachable.
Sabiduría 4,7-15 (94)

Lectura del libro de la Sabiduría

El justo, aunque muera prematuramente, hallará descanso;
porque la edad venerable no consiste en tener larga vida
ni se mide por el número de años.
Las verdaderas canas del hombre son la prudencia
y la edad avanzada se mide por una vida intachable.

Cumplió la voluntad de Dios, y Dios lo amó.
Vivía entre pecadores, y Dios se lo llevó;
se lo llevó para que la malicia no pervirtiera su conciencia,
para que no se dejara seducir por el engaño,
pues la fascinación del mal oscurece el bien
y el vértigo de las pasiones pervierte a las almas inocentes.

Llegó a la perfección en poco tiempo
y con eso alcanzó la plenitud de una larga vida.
Su vida le fue agradable a Dios,
por lo cual el Señor se apresuró a sacarlo de entre la maldad.
La gente ve, pero no comprende ni se da cuenta
de que Dios ama a los justos y se compadece de sus elegidos.

Palabra de Dios.

C4 El Señor destruirá la muerte para siempre.
Isaías 25,6a.7-9 (116)

Lectura del libro del profeta Isaías

En aquel día, el Señor del universo
preparará sobre este monte
un festín con platillos suculentos
para todos los pueblos.

El arrancará en este monte
el velo que cubre el rostro de todos los pueblos,
el paño que oscurece a todas las naciones.
Destruirá la muerte para siempre;
el Señor Dios enjugará las lágrimas de todos los rostros
y borrará de toda la tierra la afrenta de su pueblo.
Así lo ha dicho el Señor.

En aquel día se dirá;
"Aquí está nuestro Dios,
de quien esperábamos que nos salvara;
alegrémonos y gocemos con la salvación que nos trae".

Palabra de Dios.

C5 Es bueno esperar en silencio la salvación del Señor.

Lamentaciones 3,17-26 (151)

Lectura del libro de las Lamentaciones

Me han arrancado la paz
y ya no me acuerdo de la dicha.
Pienso que se me acabaron ya las fuerzas
y la esperanza en el Señor.

Fíjate, Señor, en mi pesar,
en esta amarga hiel que me envenena.
Apenas pienso en ello, me invade el abatimiento.
Pero, apenas me acuerdo de ti,
me lleno de esperanza.

La misericordia del Señor nunca termina
y nunca se acaba su compasión;
al contrario, cada mañana se renuevan.
¡Qué grande es el Señor!

Yo me digo:
"El Señor es la parte que me ha tocado en herencia"
y en el Señor pongo mi esperanza.
El Señor es bueno con aquellos que en él esperan,
con aquellos que lo buscan.

Es bueno esperar en silencio la salvación del Señor.

Palabra de Dios.

C6 Muchos de los que duermen en el polvo, despertarán.
Daniel 12,1-3 (163)

Lectura del libro del profeta Daniel

En aquel tiempo, se levantará Miguel, el gran príncipe que defiende a tu pueblo.

Será aquél un tiempo de angustia, como no lo hubo desde el principio del mundo. Entonces se salvará tu pueblo; todos aquellos que están escritos en el libro. Muchos de los que duermen en el polvo, despertarán; unos para la vida eterna, otros para el eterno castigo.

Los guías sabios brillarán como el esplendor del firmamento, y los que enseñan a muchos la justicia, resplandecerán como estrellas por toda la eternidad.

Palabra de Dios.

C7 Obró con gran rectitud y nobleza, pensando en la resurrección.
Macabeos 12,43-46 (76)

Lectura del segundo libro de los Macabeos

En aquellos días, Judas Macabeo, jefe de Israel, hizo una colecta y recogió dos mil dracmas de plata, que envió a Jerusalén para que ofrecieran un sacrificio de expiación por los pecados de los que habían muerto en la batalla.

Obró con gran rectitud y nobleza, pensando en la resurrección, pues si no hubiera esperado la resurrección de sus compañeros, habría sido completamente inútil orar por los muertos. Pero él consideraba que a los que habían muerto piadosamente, les estaba reservada una magnífica recompensa.

En efecto, orar por los difuntos para que se vean libres de sus pecados es una acción santa y conveniente.

Palabra de Dios.

Durante el tiempo pascual: Nuevo Testamento

(Nota: Durante el tiempo pascual se utilizará como primera lectura y en sustitución de un pasaje del Antiguo Testamento, una de las cuatro que se citan a continuación.)

Forma extensa:

C8 Dios ha constituido a Jesús como juez de vivos y muertos.

Hechos de los Apóstoles 10, 34-43 (462)

Lectura del libro de los Hechos de los Apóstoles

En aquellos días, Pedro se dirigió a Cornelio y los que estaban en su casa, con estas palabras: "Ahora caigo en la cuenta de que Dios no hace distinción de personas, sino que acepta al que lo teme y practica la justicia, sea de la nación que fuere. Él envió su palabra a los hijos de Israel, para anunciarles la paz por medio de Jesucristo, Señor de todos.

Ya saben ustedes lo sucedido en toda Judea, que tuvo principio en Galilea, después del Bautismo predicado por Juan: cómo Dios ungió con el poder del Espíritu Santo a Jesús de Nazaret, y cómo éste pasó haciendo el bien sanando a todos los oprimidos por el diablo, porque Dios estaba con él.

Nosotros somos testigos de cuanto él hizo en Judea y en Jerusalén. Lo mataron colgándolo de la cruz, pero Dios lo resucitó al tercer día y concedió verlo, no a todo el pueblo, sino únicamente a los testigos que él, de antemano, había escogido: a nosotros, que hemos comido y bebido con él después de que resucitó de entre los muertos.

El nos mandó predicar al pueblo y dar testimonio de que Dios lo ha constituido juez de vivos y muertos. El testimonio de los profetas es unánime: que cuantos creen en él reciben, por su medio, el perdón de los pecados".

Palabra de Dios.

O bien: Forma breve:

Hechos de los Apóstoles 10, 4-36.42-43

Lectura del libro de los Hechos de los Apóstoles

En aquellos días, Pedro se dirigió a Cornelio y a los que estaban en su casa, con estas palabras: "Ahora caigo en la cuenta de que Dios no hace distinción de personas, sino que acepta al que lo teme y practica la justicia, sea de la nación que fuere. Él envió su palabra a los hijos de Israel, para anunciarles la paz por medio de Jesucristo, Señor de todos.

Él nos mandó predicar al pueblo y dar testimonio de que Dios lo ha constituido juez de vivos y muertos. El testimonio de los profetas es unánime: que cuantos creen en él reciben, por su medio, el perdón de los pecados".

Palabra de Dios.

C9 Dichosos los que mueren en el Señor.
Apocalipsis 14,13 (703)

Lectura del libro del Apocalipsis del apóstol san Juan

Yo, Juan, oí una voz a que venía del cielo y me decía: "Escribe: 'Dichosos ya desde ahora los muertos que han muerto en el Señor. El Espíritu es quien lo dice: Que descansen ya de sus fatigas, pues sus obras los acompañan'".

Palabra de Dios.

C10 Los muertos fueron juzgados conforme a sus obras.
Apocalipsis 20,11-21,1 (705)

Lectura del libro del Apocalipsis del apóstol san Juan

Yo, Juan, vi un trono brillante y magnífico y al que estaba sentado en él. El cielo y la tierra desaparecieron de su presencia sin dejar rastro. Y vi a los muertos, grandes y pequeños, de pie delante del trono. Fueron abiertos unos libros y también el libro de la vida. Los muertos fueron juzgados conforme a sus obras, que estaban escritas en esos libros.

El mar devolvió sus muertos; la muerte y el abismo devolvieron los muertos que guardaban en su seno. Cada uno fue juzgado según sus obras. La muerte y el abismo fueron arrojados al lago de fuego; este lago es la muerte definitiva. Y a todo el que no estaba escrito en el libro de la vida lo arrojaron al lago de fuego.

Luego vi un cielo nuevo y una tierra nueva, porque el primer cielo y la primera tierra habían desaparecido y el mar ya no existía.

Palabra de Dios.

C11 Yo no habrá muerte.
Apocalipsis 21,1-5a.6b-7 (707)

Lectura del libro del Apocalipsis del apóstol san Juan

Yo, Juan, vi un cielo nuevo y una tierra nueva, porque el primer cielo y la primera tierra habían desaparecido y el mar ya no existía.

También vi que descendía del cielo, desde donde está Dios, la ciudad santa, la nueva Jerusalén, engalanada como una novia que va a desposarse con su prometido. Oí una gran voz, que venía del cielo, que decía:

"Ésta es la morada de Dios entre los hombres;
vivirá con ellos como su Dios
y ellos serán su pueblo.
Dios les enjugará todas sus lágrimas
y ya no habrá muerte ni duelo,
ni penas ni llantos,
porque ya todo lo antiguo terminó".

Entonces el que estaba sentado en el trono, dijo: "Ahora yo voy a hacer nuevas todas las cosas. Yo soy el Alfa y la Omega, el principio y el fin. Al sediento le daré a beber gratis del manantial del agua de la vida. El vencedor recibirá esta herencia, y yo seré su Dios y él será mi hijo".

Palabra de Dios.

Salmo responsorial

D1 Salmo 22(23) (740)

El Señor es mi pastor, nada me falta.
O bien:
Aunque camine por cañadas oscuras, nada temo, porque tú vas conmigo.

El Señor es mi pastor, nada me falta:
en verdes praderas me hace recostar;
me conduce hacia fuentes tranquilas
y repara mis fuerzas;
me guía por el sendero justo,
por el honor de su nombre.

El Señor es mi pastor, nada me falta.
O bien:
Aunque camine por cañadas oscuras, nada temo, porque tú vas conmigo.

Aunque camine por cañadas oscuras,
nada temo, porque tú vas conmigo:
tu vara y tu cayado me sosiegan.

El Señor es mi pastor, nada me falta.
O bien:
Aunque camine por cañadas oscuras, nada temo, porque tú vas conmigo.

Preparas una mesa ante mí,
enfrente de mis enemigos;
me unges la cabeza con perfume,
y mi copa rebosa.

El Señor es mi pastor, nada me falta.
O bien:
Aunque camine por cañadas oscuras, nada temo, porque tú vas conmigo.

Tu bondad y tu misericordia me acompañan
todos los días de mi vida,
y habitaré en la casa del Señor
por años sin término.

El Señor es mi pastor, nada me falta.
O bien:
Aunque camine por cañadas oscuras, nada temo, porque tú vas conmigo.

D2 Salmo 24(25),6 y 7bc.17-18.20-21 (745)

A ti, Señor, levanto mi alma.
O bien:
Los que esperan en ti, Señor, no quedan defraudados.

>Recuerda, Señor, que tu ternura
>y tu misericordia son eternas;
>acuérdate de mí con misericordia,
>por tu bondad, Señor.

A ti, Señor, levanto mi alma.
O bien:
Los que esperan en ti, Señor, no quedan defraudados.

>Ensancha mi corazón oprimido
>y sacáme de mis tribulaciones.
>Mira mis trabajos y mis penas
>y perdona mis pecados.

A ti, Señor, levanto mi alma.
O bien:
Los que esperan en ti, Señor, no quedan defraudados.

>Guarda mi vida y líbrame,
>no quede yo defraudado de haber acudido a ti.
>La inocencia y la rectitud me protegerán,
>porque espero en ti.

A ti, Señor, levanto mi alma.
O bien:
Los que esperan en ti, Señor, no quedan defraudados.

34																																																																																																																																																																																																																																																																																																																																																																																																																																																																																																																																																																																																																																																																																																																																																																																																																																																																																																																																																																																																																																																																																																																																																																																																																																																																																																																																																																																																																																																																																																																																																																																																																																																																																																																																																																																																																																																																																																																																																																																																																																																																																																																							De la muerte a la vida

D3 Salmo 26(27),1.4.7 y 8b y 9a.13-14 (756)

El Señor es mi luz y mi salvación.
O bien:
Espero gozar de la dicha del Señor en el país de la vida.

El Señor es mi luz y mi salvación,
¿a quién temeré?
El Señor es la defensa de mi vida,
¿quién me hará temblar?

El Señor es mi luz y mi salvación.
O bien:
Espero gozar de la dicha del Señor en el país de la vida.

Una cosa pido al Señor,
eso buscaré:
habitar en la casa del Señor
por los días de mi vida;
gozar de la dulzura del Señor,
contemplando su templo.

El Señor es mi luz y mi salvación.
O bien:
Espero gozar de la dicha del Señor en el país de la vida.

Escúchame, Señor, que te llamo;
ten piedad, respóndeme.
Tu rostro buscaré, Señor,
no me escondas tu rostro.

El Señor es mi luz y mi salvación.
O bien:
Espero gozar de la dicha del Señor en el país de la vida.

Espero gozar de la dicha del Señor
en el país de la vida.
Espera en el Señor, sé valiente,
ten ánimo, espera en el Señor.

El Señor es mi luz y mi salvación.
O bien:
Espero gozar de la dicha del Señor en el país de la vida.

D4 Salmos 41(42),2.3.5bcd; 42(43),3.4.5 (786)

Mi alma tiene sed del Dios vivo.

Como busca la cierva
corrientes de agua,
así mi alma te busca
a ti, Dios mío.

Mi alma tiene sed del Dios vivo.

Tiene sed de Dios,
del Dios vivo:
¿cuándo entraré a ver
el rostro de Dios?

Mi alma tiene sed del Dios vivo.

Recuerdo cómo marchaba a la cabeza del grupo
hacia la casa de Dios,
entre cantos de júbilo y alabanza.

Mi alma tiene sed del Dios vivo.

Envía tu luz y tu verdad:
que ellas me guíen
y me conduzcan hasta tu monte santo,
hasta tu morada.

Mi alma tiene sed del Dios vivo.

Que yo me acerque al altar de Dios,
al Dios de mi alegría;
que te dé gracias al son de la cítara,
Dios, Dios mío.

Mi alma tiene sed del Dios vivo.

¿Por qué te acongojas, alma mía,
por qué te me turbas?
Espera en Dios, que volverás a alabarlo:
"Salud de mi rostro, Dios mío".

Mi alma tiene sed del Dios vivo.

D5 Salmo 62(63),2.3-4.5-6.8-9 (798)

Mi alma está sedienta de ti, mi Dios.

> Oh Dios, tú eres mi Dios, por ti madrugo,
> mi alma está sedienta de ti;
> mi carne tiene ansia de ti,
> como tierra reseca, agostada, sin agua.

Mi alma está sedienta de ti, mi Dios.

> ¡Cómo te contemplaba en el santuario
> viendo tu fuerza y tu gloria!
> Tu gracia vale más que la vida,
> te alabarán mis labios.

Mi alma está sedienta de ti, mi Dios.

> Toda mi vida te bendeciré
> y alzaré las manos invocándote.
> Me saciaré como de enjundia y de manteca,
> y mis labios te alabarán jubilosos.

Mi alma está sedienta de ti, mi Dios.

> Porque fuiste mi auxilio,
> y a la sombra de tus alas canto con júbilo;
> mi alma está unida a ti,
> y tu diestra me sostiene.

Mi alma está sedienta de ti, mi Dios.

D6 Salmo 102(103), 8 y 10.13-14.15-16.17-18 (852)

El Señor es compasivo y misericordioso.
O bien:
El Señor es quien salva a los justos.

El Señor es compasivo y misericordioso,
lento a la ira y rico en clemencia.
No nos trata como merecen nuestros pecados
ni nos paga según nuestras culpas.

El Señor es compasivo y misericordioso.
O bien:
El Señor es quien salva a los justos.

Como un padre siente ternura por sus hijos,
siente el Señor ternura por sus fieles;
porque él conoce nuestra masa,
se acuerda de que somos barro.

El Señor es compasivo y misericordioso.
O bien:
El Señor es quien salva a los justos.

Los días del hombre duran lo que la hierba,
florecen como flor del campo,
que el viento la roza, y ya no existe,
su terreno no volverá a verla.

El Señor es compasivo y misericordioso.
O bien:
El Señor es quien salva a los justos.

Pero la misericordia del Señor dura siempre,
su justicia pasa de hijos a nietos:
para los que guardan la alianza
y recitan y cumplen sus mandatos.

El Señor es compasivo y misericordioso.
O bien:
El Señor es quien salva a los justos.

D7 Salmo 114(116),5-6; y 115(116),10-11.15-16ac (870)

Caminaré en presencia del Señor en el país de la vida.
O bien:
Aleluya.

> El Señor es benigno y justo,
> nuestro Dios es compasivo;
> el Señor guarda a los sencillos:
> estando yo sin fuerzas, me salvó.

Caminaré en presencia del Señor en el país de la vida.
O bien:
Aleluya.

> Tenía fe, aun cuando dije:
> "¡Que desgraciado soy!".
> Yo decía en mi apuro:
> "Los hombres son unos mentirosos".

Caminaré en presencia del Señor en el país de la vida.
O bien:
Aleluya.

> Mucho le cuesta al Señor
> la muerte de sus fieles.
> Señor, yo soy tu siervo:
> rompiste mis cadenas.

Caminaré en presencia del Señor en el país de la vida.
O bien:
Aleluya.

D8 Salmo 121(122),1-2.4-5.6-7.8-9 (889)

¡Qué alegría cuando me dijeron: "Vamos a la casa del Señor!"
O bien:
Vamos alegres a la casa del Señor.

¡Qué alegría cuando me dijeron:
"Vamos a la casa del Señor!"
Ya están pisando nuestros pies
tus umbrales, Jerusalén.

¡Qué alegría cuando me dijeron: "Vamos a la casa del Señor!"
O bien:
Vamos alegres a la casa del Señor.

Allá suben las tribus,
las tribus del Señor,
según la costumbre de Israel,
a celebrar el nombre del Señor;
en ella están los tribunales de justicia,
en el palacio de David.

¡Qué alegría cuando me dijeron: "Vamos a la casa del Señor!"
O bien:
Vamos alegres a la casa del Señor.

Desean la paz a Jerusalén:
"Vivan seguros los que te aman,
haya paz dentro de tus muros,
seguridad en tus palacios".

¡Qué alegría cuando me dijeron: "Vamos a la casa del Señor!"
O bien:
Vamos alegres a la casa del Señor.

Por mis hermanos y compañeros,
voy a decir: "La paz contigo".
Por la casa del Señor, nuestro Dios,
te deseo todo bien.

¡Qué alegría cuando me dijeron: "Vamos a la casa del Señor!"
O bien:
Vamos alegres a la casa del Señor.

D9 Salmo 129(130), 1-2.3-4.5-6a. 6b-7.8 (902)

Desde lo hondo a ti grito, Señor.
O bien:
Espero en el Señor, espero en su palabra.

Desde lo hondo a ti grito, Señor;
Señor, escucha mi voz;
estén tus oídos atentos
a la voz de mi súplica.

Desde lo hondo a ti grito, Señor.
O bien:
Espero en el Señor, espero en su palabra.

Si llevas cuenta de los delitos, Señor,
¿quién podrá resistir?
Pero de ti procede el perdón,
y así infundes respeto.

Desde lo hondo a ti grito, Señor.
O bien:
Espero en el Señor, espero en su palabra.

Mi alma espera en el Señor,
espera en su palabra;
mi alma aguarda al Señor,
más que el centinela la aurora.

Desde lo hondo a ti grito, Señor.
O bien:
Espero en el Señor, espero en su palabra.

Aguarde Israel al Señor,
como el centinela la aurora;
porque del Señor viene la misericordia,
la redención copiosa.

Desde lo hondo a ti grito, Señor.
O bien:
Espero en el Señor, espero en su palabra.

Y él redimirá a Israel
de todos sus delitos.

Desde lo hondo a ti grito, Señor.
O bien:
Espero en el Señor, espero en su palabra.

D10 Salmo 142(143),1-2.5-6.7ab y 8ab.10 (906)

Señor, escucha mi oración.

> Señor, escucha mi oración;
> tú que eres fiel, atiende a mi súplica;
> tú, que eres justo, escúchame.
> No llames a juicio a tu siervo,
> pues ningún hombre vivo
> es inocente frente a ti.

Señor, escucha mi oración.

> Recuerdo los tiempos antiguos,
> medito todas tus acciones,
> considero las obras de tus manos
> y extiendo mis brazos hacia ti:
> tengo sed de ti como tierra reseca.

Señor, escucha mi oración.

> Escúchame en seguida, Señor,
> que me falta el aliento.
> En la mañana hazme escuchar tu gracia,
> ya que confío en ti.

Señor, escucha mi oración.

> Enséñame a cumplir tu voluntad,
> ya que tú eres mi Dios.
> Tu espíritu, que es bueno,
> me guíe por tierra llana.

Señor, escucha mi oración.

Segunda lectura

E1 Justificados por la sangre de Cristo, seremos salvados por él del castigo final.
Romanos 5,5-11 (483)

Lectura de la carta del apóstol san Pablo a los Romanos

Hermanos y hermanas: La esperanza no defrauda porque Dios ha infundido su amor en nuestros corazones por medio del Espíritu Santo, que él mismo nos ha dado.

En efecto, cuando todavía no teníamos fuerzas para salir del pecado, Cristo murió por los pecadores en el tiempo señalado. Difícilmente habrá alguien que quiera morir por un justo, aunque puede haber alguno que esté dispuesto a morir por una persona sumamente buena. Y la prueba de que Dios nos ama está en que Cristo murió por nosotros, cuando aún éramos pecadores.

Con mayor razón, ahora que ya hemos sido justificados por su sangre, seremos salvados por él del castigo final. Porque, si cuando éramos enemigos de Dios, fuimos reconciliados con él por la muerte de su Hijo, con mucho más razón, estando ya reconciliados, recibiremos la salvación participando de la vida de su Hijo, Y no sólo esto, sino que también nos gloriamos en Dios, por medio de nuestro Señor Jesucristo, por quien hemos obtenido ahora la reconciliación.

Palabra de Dios.

E2 Donde abundó el pecado, sobreabundó la gracia.
Romanos 5,17-21 (485)

Lectura de la carta del apóstol san Pablo a los Romanos

Hermanos y hermanas: Si por el pecado de un solo hombre estableció la muerte su reinado, con mucho mayor razón reinarán en la vida por un solo hombre, Jesucristo, aquellos que reciben la gracia sobreabundante que los hace justos.

En resumen, así como por el pecado de un solo hombre, Adán, vino la condenación para todos, así por la justicia de un solo hombre, Jesucristo, ha venido para todos la justificación que da la vida. Y así como por la desobediencia de uno, todos fueron hechos pecadores, así por la obediencia de uno solo, todos serán hechos justos.

En cuanto a la ley, su llegada sirvió para hacer que el pecado creciera. Pero, donde abundó el pecado, sobreabundó la gracia, para que así como el pecado tuvo poder para causar le muerte, así también la gracia de Dios, al justificarnos, tenga poder para conducirnos a la vida eterna por medio de Jesús, nuestro Señor.

Palabra de Dios.

Forma extensa:

E3 Fuimos sepultados con él por medio del Bautismo para que emprendamos una vida nueva.
Romanos 6,3-9 (489)

Lectura de la carta del apóstol san Pablo a los Romanos

Hermanos y hermanas: Todos los que hemos sido incorporados a Cristo Jesús por medio del Bautismo, hemos sido incorporados a su muerte. En efecto, por el Bautismo fuimos sepultados con él en su muerte, para que, así como Cristo resucitó de entre los muertos por la gloria del Padre, así también nosotros llevemos una vida nueva.

Porque, si hemos estado íntimamente unidos a él por una muerte semejante a la suya, también lo estaremos en su resurrección. Sabemos que nuestro viejo yo fue crucificado con Cristo, para que el cuerpo del pecado quedara destruido, a fin de que ya no sirvamos al pecado, pues el que ha muerto queda libre del pecado.

Por lo tanto, si hemos muerto con Cristo, estamos seguros de que también viviremos con él; pues sabemos que Cristo, una vez resucitado de entre los muertos, ya nunca morirá. La muerte ya no tiene dominio sobre él.

Palabra de Dios.

O bien: Forma breve:

Romanos 6,3-4.8-9

Lectura de la carta del apóstol san Pablo a los Romanos

Hermanos y hermanas: Todos los que hemos sido incorporados a Cristo Jesús por medio del Bautismo, hemos sido incorporados a su muerte. En efecto, por el Bautismo fuimos sepultados con él en su muerte, para que, así como Cristo resucitó de entre los muertos por la gloria del Padre, así también nosotros llevemos una vida nueva.

Por lo tanto, si hemos muerto con Cristo, estamos seguros de que también viviremos con él; pues sabemos que Cristo, una vez resucitado de entre los muertos, ya nunca morirá. La muerte ya no tiene dominio sobre él.

Palabra de Dios.

E4 Anhelamos la redención de nuestro cuerpo.
Romanos 8,14-23 (494)

Lectura de la carta del apóstol san Pablo a los Romanos

Hermanos y hermanas: Los que se dejan guiar por el Espíritu de Dios, esos son hijos de Dios. No han recibido ustedes un espíritu de esclavos, que los haga temer de nuevo, sino un espíritu de hijos, en virtud del cual podemos llamar Padre a Dios.

El mismo Espíritu Santo, a una con nuestro propio espíritu, da testimonio de que somos hijos de Dios. Y si somos hijos, somos también herederos de Dios y coherederos con Cristo, puesto que sufrimos con él para ser glorificados junto con él.

Considero que los sufrimientos de esta vida no se pueden comparar con la gloria que un día se manifestará en nosotros; porque toda la creación espera, con seguridad e impaciencia, la revelación de esa gloria de los hijos de Dios.

La creación está ahora sometida al desorden, no por su querer, sino por voluntad de aquel que la sometió, pero dándole al mismo tiempo esta esperanza: que también ella misma va ser liberada de la esclavitud de la corrupción, para compartir la gloriosa libertad de los hijos de Dios.

Sabemos, en efecto, que la creación entera gime hasta el presente y sufre dolores de parto; y no sólo ella, sino también nosotros, los que poseemos las primicias del Espíritu, gemimos interiormente, anhelando que se realice plenamente nuestra condición de hijos de Dios, la redención de nuestro cuerpo.

Palabra de Dios.

E5 ¿Qué cosa podrá apartarnos del amor con que nos ama Cristo?

Romanos 8,31b-35.37-39 (506)

Lectura de la carta del apóstol san Pablo a los Romanos

Hermanos y hermanas: Si Dios está a nuestro favor, ¿Quién estará en contra nuestra? El que no nos escatimó a su propio Hijo, sino que lo entregó por todos nosotros, ¿Cómo no va a estar dispuesto a dárnoslo todo, junto con su Hijo? ¿Quién acusará a los elegidos de Dios? Si Dios mismo es quien los perdona, ¿Quién será el que los condene? ¿Acaso Jesucristo, que murió, resucitó y está a la derecha de Dios para interceder por nosotros?

¿Qué cosa podrá apartarnos del amor con que nos ama Cristo? ¿Las tribulaciones? ¿Las angustias? ¿La persecución? ¿El hambre? ¿La desnudez? ¿El peligro? ¿La espada?

Ciertamente de todo esto salimos más que victoriosos, gracias a aquel que nos ha amado; pues estoy convencido de que ni la muerte ni la vida, ni los ángeles ni los demonios, ni el presente ni el futuro, ni los poderes de este mundo, ni lo alto ni lo bajo, ni creatura alguna podrá apartarnos del amor que nos ha manifestado Dios en Cristo Jesús.

Palabra de Dios.

E6 Si vivimos, para el Señor vivimos; y si morimos, para el Señor morimos.

Romanos 14,7-9.10b-12 (514)

Lectura de la carta del apóstol san Pablo a los Romanos

Hermanos y hermanas: Ninguno de nosotros vive para sí mismo, ni muere para sí mismo. Si vivimos, para el Señor vivimos; y si morimos, para el Señor morimos. Por lo tanto, ya sea que estemos vivos o que hayamos muerto, somos del Señor. Porque Cristo murió y resucitó para ser Señor. Porque Cristo murió y resucitó para ser Señor de vivos y muertos.

Todos vamos a comparecer ante el tribunal de Dios. Como dice la Escritura: *Juro por mí mismo, dice el Señor, que todos doblarán la rodilla ante mí y todos reconocerán públicamente que yo soy Dios.*

En resumen, cada uno de nosotros tendrá que dar cuenta de sí mismo a Dios.

Palabra de Dios.

Forma extensa:

E7 En Cristo todos volverán a la vida.

1 Corintios 15,20-24a.25-28 (546)

Lectura de la primera carta del apóstol san Pablo a los Corintios

Hermanos y hermanas: Cristo resucitó, y resucitó como la primicia de todos los muertos. Porque si por un hombre vino la muerte, también por un hombre vendrá la resurrección de los muertos.

En efecto, así como en Adán todos mueren, así en Cristo todos volverán a la vida; pero cada uno en su orden: primero Cristo, como primicia; después, a la hora de su advenimiento, los que son de Cristo.

Enseguida será la consumación, cuando Cristo entregue el Reino a su Padre. Porque él tiene que reinar hasta que el Padre ponga bajo sus pies a todos sus enemigos. El último de los enemigos en ser aniquilado, será la muerte. Es claro que cuando la Escritura dice: *Todo lo sometió el Padre a los pies de Cristo*, no incluye a Dios, que es quien le sometió a Cristo todas las cosas.

Al final, cuando todo se le haya sometido, Cristo mismo se someterá al Padre, y así Dios será Dios todo en todas las cosas.

Palabra de Dios.

O bien: Forma breve:

1 Corintios 15,20-23

Lectura de la primera carta del apóstol san Pablo a los Corintios

Hermanos y hermanas: Cristo resucitó, y resucitó como la primicia de todos los muertos. Porque si por un hombre vino la muerte, también por un hombre vendrá la resurrección de los muertos.

En efecto, así como en Adán todos mueren, así en Cristo todos volverán a la vida; pero cada uno en su orden: primero Cristo, como primicia; después, a la hora de su advenimiento, los que son de Cristo.

Palabra de Dios.

E8 La muerte ha sido aniquilada por la victoria.
1 Corintios 15,51-57 (549)

Lectura de la primera carta del apóstol san Pablo a los Corintios

Hermanos y hermanas: Les voy a revelar un misterio: no todos moriremos, pero todos seremos transformados en un instante, en un abrir y cerrar de ojos, cuando suene la trompeta final. Pues al resonar la trompeta, los muertos resucitarán incorruptibles y nosotros seremos transformados. Porque es preciso que este ser nuestro, corruptible y mortal, se revista de incorruptibilidad e inmortalidad.

Y cuando nuestro ser corruptible y mortal se revista de incorruptibilidad e inmortalidad, entonces se cumplirá la palabra de la Escritura: *La muerte ha sido aniquilada por la victoria. ¿Dónde está, muerte, tu victoria? ¿Dónde está, muerte, tu aguijón?* El aguijón de la muerte es el pecado y la fuerza del pecado es la ley. Gracias a Dios, que nos ha dado la victoria por nuestro Señor Jesucristo.

Palabra de Dios.

E9 Lo que se ve es transitorio y lo que no se ve es eterno.
2 Corintios 4,14—5,1 (555)

Lectura de la segunda carta del apóstol san Pablo a los Corintios

Hermanos y hermanas: Sabemos que aquel que resucitó a Jesús nos resucitará también a nosotros con Jesús y nos colocará a su lado con ustedes. Y todo esto es para bien de ustedes, de manera que, al extenderse la gracia a más y más personas, se multiplique la acción de gracias para gloria de Dios.

Por esta razón no nos acobardamos; pues aunque nuestro cuerpo se va desgastando, nuestro espíritu se renueva de día en día. Nuestros sufrimientos momentáneos y ligeros nos producen una riqueza eterna, una gloria que los sobrepasa con exceso.

Nosotros no ponemos la mira en lo que se ve, sino en lo que no se ve, porque lo que se ve es transitorio y lo que no se ve es eterno. Sabemos que, aunque se desmorone esta morada terrena, que nos sirve de habitación, Dios nos tiene preparada en el cielo una morada eterna, no construida por manos humanas.

Palabra de Dios.

E10 Dios nos tiene preparada en el cielo una morada eterna.

2 Corintios 5,1.6-10 (557)

Lectura de la segunda carta del apóstol san Pablo a los Corintios

Hermanos y hermanas: Sabemos que, aunque se desmorone esta
morada terrena, que nos sirve de habitación, Dios nos tiene preparada
en el cielo una morada eterna, no construida por manos humanas.
Por eso siempre tenemos confianza, aunque sabemos que, mientras
vivimos en el cuerpo, estamos desterrados, lejos del Señor. Caminamos
guiados por la fe, sin ver todavía. Estamos, pues, llenos de confianza y
preferimos salir de este cuerpo para vivir con el Señor.

Por eso procuramos agradarle, en el destierro o en la patria. Porque
todos tendremos que comparecer ante el tribunal de Cristo, para recibir
el premio o el castigo por lo que hallamos hecho en esta vida.

Palabra de Dios.

E11 Él transfigurará nuestro cuerpo miserable en un cuerpo glorioso, semejante al suyo.

Filipenses 3,20-21 (603)

Lectura de la carta del apóstol san Pablo a los Filipenses

Hermanos y hermanas: Nosotros somos ciudadanos del cielo, de donde
esperamos que venga nuestro salvador, Jesucristo. Él transformará
nuestro cuerpo miserable en un cuerpo glorioso, semejante al suyo, en
virtud del poder que tiene para someter a su dominio todas las cosas.

Palabra de Dios.

E12 Estaremos con el Señor para siempre.

1 Tesalonicenses 4,13-18 (617)

Lectura de la primera carta del apóstol san Pablo a los Tesalonicenses

Hermanos y hermanas: No queremos que ignoren lo que pasa con los difuntos, para que no vivan tristes, como los que no tienen esperanza. Pues, si creemos que Jesús murió y resucitó, de igual manera debemos creer que, a los que mueren en Jesús, Dios los llevará con él.

Lo que les decimos, como palabra del Señor, es esto: que nosotros, los que quedemos vivos para cuando venga el Señor, no tendremos ninguna ventaja sobre los que ya murieron.

Cuando Dios mande que suenen las trompetas, se oirá la voz de un arcángel y el Señor mismo bajará del cielo. Entonces, los que murieron en Cristo resucitarán primero; después nosotros, los que quedemos vivos, seremos arrebatados, juntamente con ellos entre nubes, por el aire, para ir al encuentro del Señor, y así estaremos siempre con él.

Consuélense, pues, unos a otros con estas palabras.

Palabra de Dios.

E13 Si morimos con él, viviremos con él.

2 Timoteo 2,8-13 (631)

Lectura de la segunda carta del apóstol san Pablo a Timoteo

Querido hermano: Recuerda siempre que Jesucristo, descendiente de David, resucitó de entre los muertos, conforme al Evangelio que yo predico. Por este Evangelio sufro hasta llevar cadenas, como un malhechor; pero la palabra de Dios no está encadenada. Por eso lo sobrellevo todo por amor a los elegidos, para que ellos también alcancen en Cristo Jesús la salvación, y con ella la gloria eterna.

Es verdad lo que decimos:
"Si morimos con él, viviremos con él;
si nos mantenemos firmes, reinaremos con él;
si lo negamos, él también nos negará;
si le somos infieles, él permanece fiel,
porque no puede contradecirse a sí mismo".

Palabra de Dios.

E14 Veremos a Dios tal como es.

1 Juan 3, 1-2 (681)

Lectura de la primera carta del apóstol san Juan

Queridos hijos: Miren cuánto amor nos ha tenido el Padre, pues no sólo nos llamamos hijos de Dios, sino que lo somos. Si el mundo no nos reconoce, es porque tampoco lo ha reconocido a él.

Hermanos míos, ahora somos hijos de Dios, pero aún no se ha manifestado cómo seremos al fin. Y ya sabemos que, cuando él se manifieste, vamos a ser semejantes a él, porque lo veremos tal cual es.

Palabra de Dios.

E15 Estamos seguros de haber pasado de la muerte a la vida, porque amamos a nuestros hermanos.

1 Juan 3, 14-16 (603)

Lectura de la primera carta del apóstol san Juan

Queridos hermanos: Nosotros estamos seguros de haber pasado de la muerte a la vida, porque amamos a nuestros hermanos. El que no ama permanece en la muerte. El que odia a su hermano es un homicida y bien saben ustedes que ningún homicida tiene la vida eterna.

Conocemos lo que es el amor, en que Cristo dio su vida por nosotros. Así también debemos nosotros dar la vida por nuestros hermanos.

Palabra de Dios.

Versículos del aleluya y versículos antes del Evangelio

F1 Véase Mateo 11,25 (951)
Te doy gracias, Padre, Señor del cielo y de la tierra, porque has revelado los misterios del Reino a la gente sencilla.

F2 Mateo 25,34 (958)
Vengan, benditos de mi Padre, dice el Señor; tomen posesión del Reino preparado para ustedes desde la creación del mundo.

F3 Juan 3,16 (972)
Tanto amó Dios al mundo, que le entregó a su Hijo único, para que todo el que crea en él tenga vida eterna.

F4 Juan 6,39 (975)
La voluntad del que me envió, dice el Señor, es que yo no pierda a ninguno de los que él me ha dado, sino que los resucite en el último día.

F5 Juan 6,40 (976)
El que cree en mí tiene la vida eterna, dice el Señor, y yo lo resucitaré en el último día.

F6 Juan 6,51 (977)
Yo soy el pan vivo que ha bajado del cielo, dice el Señor; el que coma de este pan vivirá para siempre.

F7 Juan 11,25.26 (988)
Yo soy la resurrección y la vida, dice el Señor; el que cree en mí, no morirá para siempre.

F8 Véase Filipenses 3,20 (1021)
Nosotros somos ciudadanos del cielo, de donde esperamos que venga nuestro salvador, Jesucristo.

F9 2 Timoteo 2,11-12a (1028)
Si morimos con Cristo, viviremos con él; si nos mantenemos firmes,
reinaremos con él.

F10 Apocalipsis 1,5a.6b (1040)
Jesucristo es el primogénito de los muertos; a él sea dada la gloria y el
poder por siempre.

F11 Apocalipsis 14,13 (1044)
Dichosos los que mueren en el Señor; que descansen ya de sus fatigas,
pues sus obras los acompañan.

Lecturas del Evangelio

G1 Alégrense y salten de contento, porque su premio será grande en los cielos.
Mateo 5,1-12a (193)

✞ **Lectura del santo Evangelio según san Mateo**

En aquel tiempo, cuando Jesús vio a la muchedumbre, subió al monte y se sentó. Entonces se le acercaron sus discípulos. Enseguida comenzó a enseñarles, hablándoles así:

"Dichosos los pobres de espíritu,
porque de ellos es el Reino de los cielos.
Dichosos los que lloran,
porque serán consolados.
Dichosos los sufridos,
porque heredarán la tierra.
Dichosos los que tienen hambre y sed de justicia,
porque serán saciados.
Dichosos los misericordiosos,
porque obtendrán misericordia.
Dichosos los limpios de corazón,
porque verán a Dios.
Dichosos los que trabajan por la paz,
porque se les llamará hijos de Dios.
Dichosos los perseguidos por causa de la justicia,
porque de ellos es el Reino de los cielos.

Dichosos serán ustedes cuando los injurien,
los persigan y digan cosas falsas de ustedes por causa mía.
Alégrense y salten de contento,
porque su premio será grande en los cielos".

Palabra del Señor.

G2 Vengan a mí y yo los aliviaré.

Mateo 11,25-30 (221)

✝ **Lectura del santo Evangelio según san Mateo**

En aquel tiempo, Jesús exclamó: ¡Te doy gracias, Padre, Señor del cielo y de la tierra, porque has escondido estas cosas a los sabios y entendidos, y las has revelado a la gente sencilla! ¡Gracias, Padre, porque así te ha parecido bien!

El Padre ha puesto todas las cosas en mis manos. Nadie conoce al Hijo sino el Padre, y nadie conoce al Padre sino el Hijo y aquel a quien el Hijo se lo quiera revelar.

Vengan a mí, todos los que están fatigados y agobiados por la carga, y yo los aliviaré. Tomen mi yugo sobre ustedes y aprendan de mí, que soy manso y humilde de corazón, y encontrarán descanso, porque mi yugo es suave, y mi carga ligera".

Palabra del Señor.

G3 ¡Ya viene el esposo! ¡Salgan a su encuentro!

Mateo 25,1-13 (250)

✝ **Lectura del santo Evangelio según san Mateo**

En aquel tiempo, Jesús dijo a sus discípulos esta parábola: "El Reino de los cielos es semejante a diez jóvenes, que tomando sus lámparas, salieron al encuentro del esposo. Cinco de ellas eran descuidadas y cinco, previsoras. Las descuidadas llevaron sus lámparas, pero no llevaron aceite para llenarlas de nuevo; las previsoras, en cambio, llevaron cada una un frasco de aceite junto con su lámpara. Como el esposo tardaba, les entró sueño a todas y se durmieron.

A medianoche se oyó un, grito: "¡Ya viene el esposo! ¡Salgan a su encuentro! Se levantaron entonces todas aquellas jóvenes y se pusieron a preparar sus lámparas, y las descuidadas dijeron a las previsoras: 'Dennos un poco de su aceite, porque nuestras lámparas se están apagando.' Las previsoras les contestaron: 'No, porque no va a alcanzar para ustedes y para nosotras. Vayan mejor a donde lo venden y cómprenlo'.

Mientras aquéllas iban a comprarlo, llegó el esposo, y las que estaban listas entraron con él al banquete de bodas y se cerró la puerta. Más tarde llegaron las otras jóvenes y dijeron: 'Señor, Señor, ábrenos' Pero él les respondió: 'Yo les aseguro que no las conozco'.

Por eso, estén preparados, porque no saben ni el día ni la hora".

Palabra del Señor.

G4 Vengan, benditos de mi Padre.

Mateo 25,31-46 (252)

✢ **Lectura del santo Evangelio según san Mateo**

En aquel tiempo, Jesús dijo a sus discípulos: "Cuando venga el Hijo del hombre, rodeado de su gloria, acompañado de todos sus ángeles, se sentará en su trono de gloria. Entonces serán congregadas ante él todas las naciones y él apartará a los unos de los otros, como aparta el pastor a las ovejas de los cabritos, y pondrá a las ovejas a su derecha y a los cabritos a su izquierda.

Entonces dirá el rey a los de su derecha: 'Vengan, benditos de mi Padre; tomen posesión del Reino preparado para ustedes desde la creación del mundo; porque estuve hambriento y me dieron de comer, sediento y me dieron de beber, era forastero y me hospedaron, estuve desnudo y me visitaron, enfermo y me visitaron, encarcelado y fueron a verme'. Los justos le contestarán entonces: 'Señor, ¿cuándo te vimos hambriento y te dimos de comer, sediento y te dimos de beber? ¿Cuándo te vimos de forastero y te hospedamos, o desnudo y te vestimos? ¿Cuándo te vimos enfermo o encarcelado y te fuimos a ver?' Y el rey les dirá: 'Yo les aseguro que, cuando lo hicieron con el más insignificante de mis hermanos, conmigo lo hicieron'.

Entonces dirá también a los de la izquierda: 'Apártense de mi, malditos; vayan al fuego eterno, preparado para el diablo y sus ángeles; porque estuve hambriento y no me dieron de comer, sediento y no me dieron de beber, era forastero y no me hospedaron, estuve desnudo y no me vistieron, enfermo y encarcelado y no me visitaron'.

Entonces ellos le responderán: 'Señor, ¿cuándo te vimos hambriento o sediento, de forastero o desnudo, enfermo o encarcelado y no te asistimos?' Y él les replicará: 'Yo les aseguro que, cuando no lo hicieron con uno de aquellos más insignificantes, tampoco lo hicieron conmigo'. Entonces irán éstos al castigo eterno y los justos a la vida eterna".

Palabra del Señor.

Forma extensa:

G5 Jesús, dando un fuerte grito, expiró.

Marcos 15, 33-39; 16,1-16 (290)

✠ **Lectura del santo Evangelio según san Marcos**

Al llegar el mediodía, toda aquella tierra se quedó en tinieblas hasta las tres de la tarde. Y a las tres, Jesús gritó con voz potente: *"Eloí, Eloí, ¿lemá sabactani?"* (que significa: Dios mío, Dios mío, ¿por qué me has abandonado?). Algunos de los presentes, al oírlo, decían: "Miren, está llamando a Elías". Uno corrió a empapar una esponja en vinagre, la sujetó a un carrizo y se la acercó para que bebiera, diciendo: "Vamos a ver si viene Elías a bajarlo". Pero Jesús, dando un fuerte grito, expiró.

Entonces el velo del templo se rasgó en dos, de arriba a abajo. El oficial romano que estaba frente a Jesús, al ver cómo había expirado, dijo: "De veras este hombre era Hijo de Dios".

Transcurrido el sábado, María Magdalena, María (la madre de Santiago) y Salomé, compraron perfumes para ir a embalsamar a Jesús. Muy de madrugada, el primer día de la semana, a la salida del sol, se dirigieron al sepulcro. Por el camino se decían unas a otras: "¿Quién nos quitará la piedra de la entrada del sepulcro?" Al llegar, vieron que la piedra ya estaba quitada, a pesar de ser muy grande.

Entraron en el sepulcro y vieron a un joven, vestido con una túnica blanca, sentado en el lado derecho, y se llenaron de miedo. Pero él les dijo: "No se espanten. Buscan a Jesús de Nazaret, el que fue crucificado. No está aquí; ha resucitado. Miren el sitio donde lo habían puesto".

Palabra del Señor.

O bien: Forma breve:

Marcos 15,33-39

☦ **Lectura del santo Evangelio según san Marcos**

Al llegar el mediodía, toda aquella tierra se quedó en tinieblas hasta las tres de la tarde. Y a las tres, Jesús gritó con voz potente: *"Eloí, Eloí, ¿lemá sabactani?"* (que significa: Dios mío, Dios mío, ¿por qué me has abandonado?). Algunos de los presentes, al oírlo, decían: "Miren, está llamando a Elías". Uno corrió a empapar una esponja en vinagre, la sujetó a un carrizo y se la acercó para que bebiera, diciendo: "Vamos a ver si viene Elías a bajarlo". Pero Jesús, dando un fuerte grito, expiró.

Entonces el velo del templo se rasgó en dos, de arriba a abajo. El oficial romano que estaba frente a Jesús, al ver cómo había expirado, dijo: "De veras este hombre era Hijo de Dios".

Palabra del Señor.

G6 "Joven, yo te lo digo: Levántate".
Lucas 7,11-17 (316)

☦ **Lectura del santo Evangelio según san Lucas**

En aquel tiempo, se dirigía Jesús a una población llamada Naím, acompañado de sus discípulos y de mucha gente. Al llegar a la entrada de la población, se encontró con que sacaban a enterrar a un muerto, hijo único de una viuda a la que acompañaba una gran muchedumbre.

Cuando el Señor la vio, se compadeció de ella y le dijo: "No llores". Acercándose al ataúd, lo tocó y los que lo llevaban se detuvieron. Entonces Jesús dijo: "Joven, yo te lo mando: Levántate". Inmediatamente el que había muerto se levantó y comenzó a hablar. Jesús se lo entregó a su madre.

Al ver esto, todos se llenaron de temor y comenzaron a glorificar a Dios, diciendo: "Un gran profeta ha surgido entre nosotros. Dios ha visitado a su pueblo".

La noticia de este hecho se divulgó por toda Judea y por las regiones circunvecinas.

Palabra del Señor.

G7 También ustedes estén preparados.

Lucas 12,35-40 (336)

✝ **Lectura del santo Evangelio según san Lucas**

En aquel tiempo, Jesús dijo a sus discípulos: "Estén listos, con la túnica puesta y las lámparas encendidas. Sean semejantes a los criados que están esperando a que su señor regrese de la boda, para abrirle en cuanto llegue y toque. Dichosos aquellos a quienes su señor, al llegar, encuentre en vela. Yo les aseguro que se reogerá la túnica, los hará sentar a la mesa y él mismo les servirá. Y si llega a medianoche o a la madrugada y los encuentra en vela, dichosos ellos.

Fíjense en esto: Si un padre de familia supiera a qué hora va a venir el ladrón, estaría vigilando y no dejaría que se le metiera por un boquete en su casa. Pues también ustedes estén preparados, porque a la hora en que menos lo piensen vendrá el Hijo del hombre".

Palabra del Señor.

G8 Hoy estarás conmigo en el paraíso.

Lucas 23,33.39-43 (354)

✝ **Lectura del santo Evangelio según san Lucas**

Cuando los soldados llegaron al lugar llamado "la Calavera," crucificaron allí a Jesús y a los malhechores, uno a su derecha y el otro a su izquierda.

Uno de los malhechores crucificados insultaba a Jesús, diciéndole: "Si tú eres el Mesías, sálvate a ti mismo y a nosotros". Pero el otro le reclamaba indignado: "¿Ni siquiera temes tú a Dios estando en el mismo suplicio? Nosotros justamente, recibimos el pago de lo que hicimos. Pero éste ningún mal ha hecho". Y le decía a Jesús: "Señor, cuando llegues a tu Reino, acuérdate de mi". Jesús le respondió: "Yo te aseguro que hoy estarás conmigo en el paraíso".

Palabra del Señor.

Forma extensa:

G9 Padre, en tus manos encomiendo mi espíritu.

Lucas 23, 44-46.50.52-53; 24,1-6a (356)

✠ **Lectura del santo Evangelio según san Lucas**

Era casi el mediodía, cuando las tinieblas invadieron toda la región y se oscureció el sol hasta las tres de la tarde. El velo del templo se rasgó a la mitad. Jesús, clamando con voz potente, dijo: "¡Padre, en tus manos encomiendo mi espíritu!" Y dicho esto, expiró.

Un hombre llamado José, consejero del sanedrín, hombre bueno y justo, se presentó ante Pilato para pedirle el cuerpo de Jesús. Lo bajó de la cruz, lo envolvió en una sábana y lo colocó en un sepulcro excavado en la roca, donde no habían puesto a nadie todavía.

El primer día después del sábado, muy de mañana, llegaron las mujeres al sepulcro, llevando los perfumes que habían preparado. Encontraron que la piedra ya había sido retirada del sepulcro y entraron, pero no hallaron el cuerpo del Señor Jesús.

Estando ellas todas desconcertadas por esto, se les presentaron dos varones con vestidos resplandecientes. Como ellas se llenaron de miedo e inclinaron el rostro a tierra, los varones les dijeron: "¿Por qué buscan entre los muertos al que está vivo? No está aquí; ha resucitado".

Palabra del Señor.

O bien: Forma breve:

Lucas 23,44-46.50.52-53

✠ **Lectura del santo Evangelio según san Lucas**

Era casi el mediodía, cuando las tinieblas invadieron toda la región y se oscureció el sol hasta las tres de la tarde. El velo del templo se rasgó a la mitad. Jesús, clamando con voz potente, dijo: "¡Padre, en tus manos encomiendo mi espíritu!" Y dicho esto, expiró.

Un hombre llamado José, consejero del sanedrín, hombre bueno y justo, se presentó ante Pilato para pedirle el cuerpo de Jesús. Lo bajó de la cruz, lo envolvió en una sábana y lo colocó en un sepulcro excavado en la roca, donde no habían puesto a nadie todavía.

Palabra del Señor.

Forma extensa:

G10 ¿Acaso no era necesario que el Mesías padeciera todo esto y así entrara en su gloria?

Lucas 24,13-35 (358)

✝ **Lectura del santo Evangelio según san Lucas**

El mismo día de la resurrección, iban dos de los discípulos hacia un pueblo llamado Emaús, situado a unos once kilómetros de Jerusalén, y comentaban todo lo que había sucedido.

Mientras conversaban y discutían, Jesús se les acercó y comenzó a caminar con ellos; pero los ojos de los dos discípulos estaban velados y no lo reconocieron. Él les preguntó: "¿De qué cosas vienen hablando, tan llenos de tristeza?"

Uno de ellos, llamado Cleofás, le respondió: "¿Eres tú el único forastero que no sabe lo que ha sucedido estos días en Jerusalén?" Él les preguntó: "¿Qué cosa?" Ellos le respondieron: "Lo de Jesús el nazareno, que era un profeta poderoso en obras y palabras, ante Dios y ante todo el pueblo. Cómo los sumos sacerdotes y nuestros jefes lo entregaron para que lo condenaran a muerte, y lo crucificaron. Nosotros esperábamos que él sería el libertador de Israel, y sin embargo, han pasado ya tres días desde que estas cosas sucedieron. Es cierto que algunas mujeres de nuestro grupo nos han desconcertado, pues fueron de madrugada al sepulcro, no encontraron el cuerpo y llegaron contando que se les habían aparecido unos ángeles, que les dijeron que estaba vivo. Algunos de nuestros compañeros fueron al sepulcro y hallaron todo como habían dicho las mujeres, pero a él no lo vieron".

Entonces Jesús les dijo: "¡Qué insensatos son ustedes y qué duros de corazón para creer todo lo anunciado por los profetas! ¿Acaso no era necesario que el Mesías padeciera todo esto y así entrara en su gloria?" Y comenzando por Moisés y siguiendo con todos los profetas, les explicó todos los pasajes de la Escritura que se referían a él.

Ya cerca del pueblo a donde se dirigían, él hizo como que iba más lejos; pero ellos le insistieron, diciendo: "Quédate con nosotros, porque ya es tarde y pronto va a oscurecer". Y entró para quedarse con ellos. Cuando estaban a la mesa, tomó un pan, pronunció la bendición, lo partió y se lo dio. Entonces se les abrieron los ojos y lo reconocieron, pero él se les desapareció. Y ellos se decían el uno al otro: "¡Con razón nuestro corazón ardía, mientras nos hablaba por el camino y nos explicaba las Escrituras!"

Se levantaron inmediatamente y regresaron a Jerusalén, donde encontraron reunidos a los Once con sus compañeros, los cuales les dijeron: "De veras ha resucitado el Señor y se le ha aparecido a Simón".

Entonces ellos contaron lo que les había pasado por el camino y cómo lo habían reconocido al partir el pan.

Palabra del Señor.

O bien: Forma breve:

Lucas 24,13-16.28-35

✠ **Lectura del santo Evangelio según san Lucas**

El mismo día de la resurrección, iban dos de los discípulos hacia un pueblo llamado Emaús, situado a unos once kilómertros de Jerusalén, y comentaban todo lo que había sucedido.

Mientras conversaban y discutían, Jesús se les acercó y comenzó a caminar con ellos; pero los ojos de los dos discípulos estaban velados y no lo reconocieron.

Ya cerca del pueblo a donde se dirigían, él hizo como que iba más lejos; pero ellos le insistieron, diciendo: "Quédate con nosotros, porque ya es tarde y pronto va a oscurecer". Y entró para quedarse con ellos. Cuando estaban a la mesa, tomó un pan, pronunció la bendición, lo partió y se lo dio. Entonces se les abrieron los ojos y lo reconocieron, pero él se les desapareció. Y ellos se decían el uno al otro: "¡Con razón nuestro corazón ardía, mientras nos hablaba por el camino y nos explicaba las Escrituras!"

Se levantaron inmediatamente y regresaron a Jerusalén, donde encontraron reunidos a los Once con sus compañeros, los cuales les dijeron: "De veras ha resucitado el Señor y se le ha aparecido a Simón".

Entonces ellos contaron lo que les había pasado por el camino y cómo lo habían reconocido al partir el pan.

Palabra del Señor.

G11 Quien escucha mi palabra y la cree, ha pasado ya de la muerte a la vida.
Juan 5,24-29 (376)

✟ **Lectura del santo Evangelio según san Juan**

En aquel tiempo, dijo Jesús a los judíos: "Yo les aseguro que, quien escucha mi palabra y cree en el que me envió, tiene vida eterna y no será condenado en al juicio, porque ya pasó de la muerte a la vida.

Les aseguro que viene la hora, y ya está aquí, en que los muertos oirán la voz del Hijo de Dios, y los que la hayan oído vivirán. Pues así como el Padre tiene la vida en sí mismo, también le ha dado al Hijo tener la vida en sí mismo; y le ha dado el poder de juzgar, porque es el Hijo del hombre.

No se asombren de esto, porque viene la hora en que todos los que yacen en la tumba oirán mi voz y resucitarán: los que hicieron el bien, para la vida; los que hicieron el mal, para la condenación".

Palabra del Señor.

G12 El que cree en el Hijo tiene vida eterna y yo lo resucitaré en el último día.
Juan 6,37-40 (380)

✟ **Lectura del santo Evangelio según san Juan**

En aquel tiempo, Jesús dijo a la multitud: "Todo aquel que me da el Padre viene hacia mí; y al que viene a mí yo no lo echaré fuera, porque he bajado del cielo, no para hacer mi voluntad, sino la voluntad del que me envió.

Y la voluntad del que me envió es que yo no pierda nada de lo que él me ha dado, sino que lo resucite en el último día. La voluntad de mi Padre consiste en que todo el que vea al Hijo y crea en él, tenga vida eterna y yo lo resucite en el último día".

Palabra del Señor.

G13 El que come mi carne tiene vida eterna y yo lo resucitaré en el último día.

Juan 6,51-58 (383)

✝ **Lectura del santo Evangelio según san Juan**

En aquel tiempo, Jesús dijo a los judíos: "Yo soy el pan vivo que ha bajado del cielo; el que coma de este pan vivirá para siempre. Y el pan que yo les voy a dar es mi carne, para que el mundo tenga vida".

Entonces los judíos se pusieron a discutir entre sí: "¿Cómo puede éste darnos a comer su carne?"

Jesús les dijo: "Yo les aseguro: Si no comen la carne del Hijo del hombre y no beben su sangre, no podrán tener vida en ustedes. El que come mi carne y bebe mi sangre, tiene vida eterna y yo lo resucitaré el último día.

Mi carne es verdadera comida y mi sangre es verdadera bebida. El que come mi carne y bebe mi sangre, permanece en mí y yo en él. Como el Padre, que me ha enviado, posee la vida y yo vivo por él, así también el que me come vivirá por mí.

Este es el pan que ha bajado del cielo; no es como el maná que comieron sus padres, pues murieron. El que come de este pan vivirá para siempre".

Palabra del Señor.

Forma extensa:

G14 Yo soy la resurrección y la vida.

Juan 11,17-27 (390)

✠ **Lectura del santo Evangelio según san Juan**

En aquel tiempo, llegó Jesús a Betania y Lázaro llevaba ya cuatro días en el sepulcro. Betania quedaba cerca de Jerusalén, como a unos dos kilómetros y medio, y muchos judíos habían ido a ver a Marta y a María para consolarlas por la muerte de su hermano. Apenas oyó Marta que Jesús llegaba, salió a su encuentro; pero María se quedó en casa. Le dijo Marta a Jesús: "Señor, si hubieras estado aquí, no habría muerto mi hermano. Pero aún ahora estoy segura de que Dios te concederá cuanto le pidas".

Jesús le dijo: "Tu hermano resucitará". Marta respondió: "Ya sé que resucitará en la resurrección del último día". Jesús le dijo: "Yo soy la resurrección y la vida. El que cree en mí, aunque haya muerto, vivirá; y todo aquel que está vivo y cree en mí, no morirá para siempre. ¿Crees tú esto?" Ella le contestó: "Si, Señor. Creo firmemente que tú eres el Mesías, el Hijo de Dios, el que tenía que venir al mundo".

Palabra del Señor.

O bien: Forma breve:

Juan 11,21-27

✠ **Lectura del santo Evangelio según san Juan**

En aquel tiempo, dijo Marta a Jesús: "Señor, si hubieras estado aquí, no habriá muerto mi hermano. Pero aún ahora estoy segura de que Dios te concederá cuanto le pidas".

Jesús le dijo: "Tu hermano resucitará". Marta respondió: "Ya sé que resucitará en la resurrección del último día". Jesús le dijo: "Yo soy la resurrección y la vida . El que cree en mí, aunque haya muerto, vivirá; y todo aquel que está vivo y cree en mí, no morirá para siempre. ¿Crees tú esto?" Ella le contestó: "Sí, Señor. Creo firmemente que tú eres el Mesías, el Hijo de Dios, el que tenía que venir al mundo".

Palabra del Señor.

G15 "¡Lázaro, sal de ahí!"

Juan 11,32-45 (392)

✠ **Lectura del santo Evangelio según san Juan**

En aquel tiempo, cuando llegó María [la hermana de Lázaro] adonde estaba Jesús, al verlo, se echó a sus pies y le dijo: "Señor, si hubieras estado aquí, no habría muerto mi hermano". Jesús, al verla llorar y al ver llorar a los judíos que la acompañaban, se conmovió hasta lo más hondo y preguntó: "¿Dónde lo han puesto?" Le contestaron: "Ven, Señor, y lo verás". Jesús se puso a llorar y los judíos comentaban: "De veras ¡cuánto lo amaba!" Algunos decían: "¿No podía éste, que abrió los ojos al ciego de nacimiento, hacer que Lázaro no muriera?"

Jesús, profundamente conmovido todavía, se detuvo ante el sepulcro, que era una cueva, sellada con una losa. Entonces dijo Jesús: "Quiten la losa". Pero Marta, la hermana del que había muerto, le replicó: "Señor, ya huele mal, porque lleva cuatro días". Le dijo Jesús: "¿No te he dicho que si crees, verás la gloria de Dios?" Entonces quitaron la piedra.

Jesús levantó los ojos a lo alto y dijo: "Padre, te doy gracias porque me has escuchado. Yo ya sabía que tú siempre me escuchas; pero lo he dicho a causa de esta muchedumbre que me rodea, para que crean que tú me has enviado". Luego gritó con voz potente: "¡Lázaro, sal de ahí!" Y salió el muerto, atados con vendas las manos y los pies, y la cara envuelta en un sudario. Jesús les dijo: "Desátenlo, para que pueda andar".

Muchos de los judíos que habían ido a casa de Marta y María, al ver lo que había hecho Jesús, creyeron en él.

Palabra del Señor.

Forma extensa:

G16 Si el grano de trigo sembrado en la tierra muere, producirá mucho fruto.

Juan 12,23-28 (395)

✠ **Lectura del santo Evangelio según san Juan**

En aquel tiempo, Jesús dijo a sus discípulos: "Ha llegado la hora de que el Hijo del hombre sea glorificado. Yo les aseguro que si el grano de trigo sembrado en la tierra, no muere, queda infecundo; pero si muere, producirá mucho fruto. El que se ama a sí mismo, se pierde; el que se aborrece a sí mismo en este mundo, se asegura para la vida eterna.

El que quiera servirme, que me siga, para que donde yo esté, también esté mi servidor. El que me sirve será honrado por mi Padre.

Ahora que tengo miedo, ¿le voy a decir a mi Padre: 'Padre, líbrame de esta hora?' No, pues precisamente para esta hora he venido. Padre, dale gloria a tu nombre". Se oyó entonces una voz que decía: "Lo he glorificado y volveré a glorificarlo".

Palabra del Señor.

O bien: Forma breve

Juan 12,23-26

✠ **Lectura del santo Evangelio según san Juan**

En aquel tiempo, Jesús dijo a sus discípulos: "Ha llegado la hora de que el Hijo del hombre sea glorificado. Yo les aseguro que si el grano de trigo sembrado en la tierra, no muere, queda infecundo; pero si muere, producirá mucho fruto. El que se ama a sí mismo, se pierde; el que se aborrece a sí mismo en este mundo, se asegura para la vida eterna.

El que quiera servirme, que me siga, para que donde yo esté, también esté mi servidor. El que me sirve será honrado por mi Padre".

Palabra del Señor.

G17 En la casa de mi Padre hay muchas habitaciones.
Juan 14,1-6 (400)

✟ **Lectura del santo Evangelio según san Juan**

En aquel tiempo, Jesús dijo a sus discípulos: "No pierdan la paz. Si creen en Dios, crean también en mí. En la casa de mi Padre hay muchas habitaciones. Si no fuera así, yo se lo habría dicho a ustedes, porque voy a prepararles un lugar. Cuando me vaya y les prepare un sitio, volveré y los llevaré conmigo, para que donde yo esté, estén también ustedes. Y ya saben el camino para llegar al lugar a donde voy".

Entonces Tomás le dijo: "Señor, no sabemos a dónde vas, ¿cómo podemos saber el camino?" Jesús le respondió: "Yo soy el camino, la verdad y la vida. Nadie va al Padre si no es por mí".

Palabra del Señor.

G18 Padre, quiero que donde yo esté, también ellos estén conmigo.
Juan 17,24-26 (423)

✟ **Lectura del santo Evangelio según san Juan**

En aquel tiempo, Jesús levantó los ojos al cielo y dijo: "Padre, quiero que donde yo esté, estén también conmigo los que me has dado, para que contemplen mi gloria, la que me diste, porque me has amado desde antes de la creación del mundo.

Padre justo, el mundo no te ha conocido; pero yo sí te conozco y éstos han conocido que tú me enviaste. Yo les he dado a conocer tu nombre y se lo seguiré dando a conocer, para que el amor con que me amas esté en ellos y yo también en ellos".

Palabra del Señor.

G19 Inclinando la cabeza, entregó el espíritu.

Juan 19,17-18.25-30 (424)

✠ **Lectura del santo Evangelio según san Juan**

En aquel tiempo, Jesús, cargando con la cruz, se dirigió hacia el sitio llamado "la Calavera" (que en hebreo se dice Gólgota), donde lo crucificaron, y con él a otros dos, uno de cada lado, y en medio Jesús.

Junto a la cruz de Jesús estaban su madre, la hermana de su madre, María la de Cleofás, y María Magdalena. Al ver a su madre y junto a ella al discípulo que tanto quería, Jesús dijo a su madre: "Mujer, ahí está tu hijo". Luego dijo al discípulo: "Ahí está tu madre". Y desde entonces el discípulo se la llevó a vivir con él.

Después de esto, sabiendo Jesús que todo había llegado a su término, para que se cumpliera la Escritura dijo: *"Tengo sed"*. Había allí un jarro lleno de vinagre. Los soldados sujetaron una esponja empapada en vinagre a una caña de hisopo y se la acercaron a la boca. Jesús probó el vinagre y dijo: "Todo está cumplido," e inclinando la cabeza, entregó el espíritu.

Palabra del Señor.

Plegaria universal

Las siguientes oraciones de los fieles y letanías se pueden usar durante una liturgia de la palabra o en la Misa y se deben adaptar de acuerdo con las circunstancias.
Anote en la planilla para la preparación de la misa de difuntos las lecturas seleccionadas por usted. Utilice para ello el número de la página y el código de números que aparece en lado izquierdo de cada encabezamiento.

H1 (167-B)*

El sacerdote comienza:
Dios, el Padre todopoderoso, resucitó a Cristo su Hijo de entre los muertos; llenos de confianza le pedimos que salve a todo su pueblo, a vivos y muertos:

Por N., que en el Bautismo recibió la promesa de vida eterna, para que sea recibido (recibida) ahora en la compañía de los santos. Roguemos al Señor.
R. Señor, escucha nuestra oración.

Por nuestro hermano (nuestra hermana) que se sustentó con el cuerpo de Cristo, el pan de vida, para que resucite en el último día. Roguemos al Señor.
R. Señor, escucha nuestra oración.

[Por un obispo o un sacerdote]
[Por nuestro hermano N., que sirvió a la Iglesia en el ministerio sacerdotal, para que le sea dado un lugar en la liturgia del cielo. Roguemos al Señor.
R. Señor, escucha nuestra oración.]

[Por un diácono]
[Por nuestro hermano N., que proclamó la Buena Nueva de Jesucristo y sirvió a los pobres en sus necesidades, para que sea recibido en el santuario del cielo. Roguemos al Señor.
R. Señor, escucha nuestra oración.]

Números del Ritual de exequias cristianas.

Por todos nuestros familiares, amigos, y bienhechores difuntos,
para que reciban el premio por su bondad. Roguemos al Señor.
R. Señor, escucha nuestra oración.

Por todos los que durmieron con la esperanza de resucitar,
para que vean a Dios cara a cara. Roguemos al Señor.
R. Señor, escucha nuestra oración.

[Por los dolientes]
[Por la familia y los amigos de nuestro hermano
(nuestra hermana) N., para que sean consolados en su
pesar por el Señor, que lloró la muerte de su amigo Lázaro.
Roguemos al Señor.
R. Señor, escucha nuestra oración.]

Por todos los aquí reunidos para celebrar la fe en esta liturgia,
para que nos reunamos de nuevo en el reino de Dios.
Roguemos al Señor.
R. Señor escucha nuestra oración.

Después el sacerdote concluye:
Dios, refugio y fortaleza nuestra,
tú que escuchas con amor el llanto de tu pueblo,
oye las oraciones que te ofrecemos
por nuestros hermanos y hermanas que han fallecido;
purifícalos de sus pecados
y concédeles la plenitud de la redención.
Por Jesucristo, nuestro Señor.
R. Amén.

H2

Mis queridos amigos, unámonos en oración a Dios, no sólo por nuestro hermano fallecido (nuestra hermana fallecida), sino también por la Iglesia, por la paz del mundo, y por nosotros.

Para que los obispos y los sacerdotes de la Iglesia, y todos los que proclaman el Evangelio, reciban la fortaleza de expresar en acción la palabra que anuncian. Roguemos al Señor.
R. Señor, escucha nuestra oración.

Para que los que ocupan cargos públicos promuevan la justicia y la paz. Roguemos al Señor.
R. Señor, escucha nuestra oración.

Para que los que llevan la cruz del dolor en la mente o en el cuerpo jamás se sientan abandonados por Dios. Roguemos al Señor.
R. Señor, escucha nuestra oración.

Para que Dios libre el alma de su siervo (sierva) N. de las penas y de los poderes de las tinieblas. Roguemos al Señor.
R. Señor, escucha nuestra oración.

Para que Dios en su misericordia borre todas las ofensas que haya podido cometer. Roguemos al Señor.
R. Señor, escucha nuestra oración.

Para que Dios lo (la) lleve al lugar de la luz y de la paz. Roguemos al Señor.
R. Señor, escucha nuestra oración.

Para que Dios lo (la) llame a la felicidad en la compañía de todos los santos. Roguemos al Señor.
R. Señor, escucha nuestra oración.

Para que Dios acoja en su gloria a nuestros familiares y amigos que ya han partido de esta vida. Roguemos al Señor.
R. Señor, escucha nuestra oración.

Para que Dios conceda un lugar en el reino de los cielos a todos los fieles difuntos. Roguemos al Señor.
R. Señor escucha nuestra oración.

Oh Dios,
que creaste y redimiste a todos tus fieles,
concede a las almas de tus siervos difuntos
el perdón de todos sus pecados.
Atiende nuestras súplicas por todos los que amamos
y concédeles el perdón que siempre han deseado.
Por Jesucristo, nuestro Señor.
R. Amén.

H3 (167-A)

Queridos hermanos y hermanas, Jesucristo ha resucitado de
entre los muertos y está sentado a la derecha del Padre, y
desde allí intercede por su Iglesia. Confiados en que Dios oye
las voces de aquellos que esperan en el Señor Jesús, unimos
nuestras oraciones a las suyas:

En el Bautismo N. recibió la luz de Cristo. Aleja ahora de
él (ella) la oscuridad y condúcelo (condúcela) por sobre las
aguas de la muerte. Señor, en tu misericordia:
R. Escucha nuestra oración.

Nuestsro hermano (nuestra hermana) N. fue alimentado
(alimentada) en la mesa del Salvador. Acógelo (acógela) en las
mansiones del banquete celestial. Señor, en tu misericordia:
R. Escucha nuestra oración.

[Por un obispo o un sacerdote]
[Nuestro hermano N. participó del sacerdocio de Jesucristo,
guiando al pueblo de Dios en la oración y el culto divino.
Llévalo a tu presencia para que ocupe su sitio en la liturgia
celestial. Señor, en tu misericordia:
R. Escucha nuestra oración.]

[Por un diácono]
[Nuestro hermano N. sirvió al pueblo de Dios como diácono
de la Iglesia. Prepárale un sitio en el reino cuya venida él
proclamó. Señor, en tu misericordia:
R. Escucha nuestra oración.]

[Por un religioso (una religiosa)]
[Nuestro hermano (nuestra hermana) N. pasó su vida
siguiendo a Jesús, pobre, casto (casta) y obediente. Cuéntalo
(cuéntala) entre todos los santos que cantan en tus atrios.
Señor, en tu misericordia:
R. Escucha nuestra oración.]

Muchos amigos y miembros de nuestras familias nos han
precedido y aguardan el reino. Concédeles un hogar eterno
con tu Hijo. Señor, en tu misericordia:
R. Escucha nuestra oración.

Cada día mueren muchas personas a causa de la violencia, de
la guerra y del hambre. Muestra tu misericordia a los que tan
injustamente sufren estas faltas contra tu amor y congrégalos
en el reino eterno de tu paz. Señor, en tu misericordia:
R. Escucha nuestra oración.

Los que confiaron en el Señor duermen ahora en él. Dales
alivio, descanso y paz a todos aquellos cuya fe sólo tú
conociste. Señor, en tu misericordia:
R. Escucha nuestra oración.

[Por los dolientes]
[La familia y los amigos de N. buscan paz y consuelo. Alivia
su pena y disipa la oscuridad y la duda que nacen de la
aflicción. Señor, en tu misericordia:
R. Escucha nuestra oración.]

Estamos reunidos aquí en la confianza que da la fe para orar
por nuestro hermano (nuestra hermana) N. Fortalece nuestra
esperanza para que podamos vivir aguardando la venida de tu
Hijo. Señor, en tu misericordia:
R. Escucha nuestra oración.

Señor Dios,
que nos das la paz y sanas nuestras almas,
escucha las voces de tus fieles,
cuyas vidas fueron redimidas por la sangre del Cordero.
Perdona los pecados de todos los que duermen en Cristo
y concédeles un lugar en tu reino.
Él, que vive y reina por los siglos de los siglos.
R. Amén.

H4 (401-4)

Acudamos a Cristo Jesús confiados en el poder de su cruz y resurrección:

Señor resucitado, modelo de nuestra vida en todo tiempo: Señor, ten piedad.
R. Señor, ten piedad.

Promesa e imagen de lo que seremos: Señor, ten piedad.
R. Señor, ten piedad.

Hijo de Dios que viniste a destruir el pecado y la muerte: Señor, ten piedad.
R. Señor, ten piedad.

Palabra de Dios que nos libraste del temor a la muerte: Señor, ten piedad.
R. Señor, ten piedad.

Señor, crucificado, desamparado en la muerte, resucitado en gloria:
R. Señor, ten piedad.

Señor Jesús, Pastor benigno que das descanso a nuestras almas, concédele la paz a N. por siempre: Señor, ten piedad.
R. Señor, ten piedad.

Señor Jesús, tú bendices a los que sufren y lloran. Bendice a la familia y amigos de N. que hoy se reúnen a su alrededor: Señor, ten piedad.
R. Señor, ten piedad.

H5 (401-5)

Por un niño bautizado (una niña bautizada)

Jesús es el Hijo de Dios y el modelo de nuestra propia creación. El nos prometió que un día seremos verdaderamente como él. Con nuestra esperanza apoyada en esa promesa, oremos:

Para que Dios reciba nuestra alabanza y acción de gracias por la vida de N.: Roguemos al Señor.
R. Señor, ten piedad.

Para que Dios lleve a la plenitud el Bautismo que N. recibió en Cristo: Roguemos al Señor.
R. Señor, ten piedad.

Para que Dios conduzca a N. de la muerte a la vida: Roguemos al Señor.
R. Señor, ten piedad.

Para que todos nosotros, la familia y los amigos de N., seamos consolados en nuestro pesar: Roguemos al Señor.
R. Señor, ten piedad.

Para que Dios otorgue alivio a los que sufren: Roguemos al Señor.
R. Señor, ten piedad.

Para que Dios conceda paz a todos los que han muerto en la fe de Cristo: Roguemos al Señor.
R. Señor, ten piedad.

Para que un día participemos todos del banquete del Señor, alabando a Dios que ha vencido a la muerte: Roguemos al Señor.
R. Señor, ten piedad.

H6 (401-6)

Por un niño bautizado (una niña bautizada)

El Señor Jesús es el amigo de su pueblo y nuestra única esperanza. Pidámosle que acreciente nuestra fe y nos sostenga en esta difícil hora.

Tú te hiciste niño por nosotros, compartiendo en todo nuestra vida humana. Te rogamos:
R. Bendícenos y guárdanos, Señor.

Tú creciste en sabiduría, edad y gracia, y aprendiste a obedecer a través del sufrimiento. Te rogamos:
R. Bendícenos y guárdanos, Señor.

Tú recibiste a los niños, prometiéndoles tu reino. Te rogamos:
R. Bendícenos y guárdanos, Señor.

Tú consolaste a los que lloraban por la muerte de niños y
amigos. Te rogamos:
R. Bendícenos y guárdanos, Señor.

Tú tomaste sobre ti el sufrimiento y la muerte de todos
nosotros. Te rogamos:
R. Bendícenos y guárdanos, Señor.

Tú prometiste resucitar a los que creen en ti, al igual que
fuiste resucitado en gloria por el Padre. Te rogamos:
R. Bendícenos y guárdanos, Señor.

Señor Dios,
tú confiaste a N. a nuestro cuidado
y ahora lo (la) recibes en el abrazo de tu amor;
tómalo (tómala) bajo tu protección
junto con todos los niños que han muerto;
confórtanos a nosotros, tus afligidos siervos,
que nos esforzamos por cumplir tu voluntad
y por conocer tu paz salvadora.
Por Jesucristo, nuestro Señor.
R. Amén.

H7   (401-7)

Por un niño fallecido (una niña fallecida)

Oremos por N., por su familia y amigos, y por todo el pueblo
de Dios.

Por N., hijo (hija) de Dios [y heredero (heredera) del reino],
para que sea recibido (recibida) en el abrazo amoroso de Dios
ahora y por toda la eternidad. Roguemos al Señor.
R. Señor, escucha nuestra oración.

Por la familia de N., especialmente por su madre y su padre,
[su(s) hermano(s) y hermana(s)], para que en medio
de su pena y dolor sientan el poder sanador de Cristo.
Roguemos al Señor.
R. Señor, escucha nuestra oración.

Por los amigos de N., los que con él (ella) jugaron y los que lo (la) cuidaron, para que sean consolados en su aflicción y fortalecidos en su mutuo amor. Roguemos al Señor.
R. Señor, escucha nuestra oración.

Por todos los padres y madres que lloran la muerte de sus hijos, para que sean consolados por la certeza de que ellos habitan ahora con Dios. Roguemos al Señor.
R. Señor, escucha nuestra oración.

Por los niños que han muerto a causa del hambre y las enfermedades, para que estos pequeños se sienten cerca del Señor a la mesa celestial. Roguemos al Señor.
R. Señor, escucha nuestra oración.

Por todos nosotros, miembros de tu Iglesia, que nos preparemos dignamente para la hora de nuestra muerte, cuando Dios nos llame por nuestros nombres y pasemos de este mundo al venidero. Roguemos al Señor.
R. Señor, escucha nuestra oración.

Señor Dios,
tú confiaste a N. a nuestro cuidado
y ahora lo (la) recibes en el abrazo de tu amor;
tómalo (tómala) bajo tu protección
junto con todos los niños que han muerto;
confórtanos a nosotros, tus afligidos siervos,
que nos esforzamos,por cumplir tu voluntad
y por conocer tu paz salvadora.
Por Jesucristo, nuestro Señor.
R. Amén.

Liturgia eucarística

Preparación del altar y las ofrendas
Oración sobre las ofrendas
Prefacio
Plegaria Eucarística
Oración para después de la comunión

Preparación del altar y las ofrendas

Las ofrendas del pan y el vino pueden ser llevadas hasta el altar por miembros de la familia o amigos de la persona fallecida.

Oración sobre las ofrendas*

Fuera del tiempo pascual

J1

Te ofrecemos, Señor, este sacrificio
por la salvación de nuestro hermano (nuestra hermana) N.,
y confiados en tu clemencia
te pedimos que quien reconoció a tu Hijo como su Salvador,
lo encuentre ahora como juez misericordioso.
Él, que vive y reina por los siglos de los siglos.

---

*Las oraciones son de *Misal Romano*, tercera edición.

J2

Acude, Señor, en ayuda de tu hijo (tu hija) N.,
por quien te ofrecemos este sacrificio de reconciliación
en el día de su sepultura;
para que, si queda en él alguna mancha de pecado,
o alguna imperfección de la debilidad humana,
por el don de tu misericordia lo perdones y lo purifiques.
Por Jesucristo, nuestro Señor.
R. Amén.

En el tiempo pascual

J3

Que te sean gratas, Señor, nuestras ofrendas,
para que tu siervo (tu sierva) N. sea recibido(a) en la gloria
    con tu Hijo,
a quien nos unimos por este sacramento de su amor.
Él, que vive y reina por los siglos de los siglos.
R. Amén.

Otras oraciones para la Misa exequial

J4

Por este sacrificio, Dios todopoderoso y eterno,
te rogamos que laves de sus pecados en la Sangre de Cristo
a nuestro hermano (nuestra hermana) N.,
para que a quien purificaste en el agua del Bautismo
no dejes de purificarlo con la misericordia de tu amor.
Por Jesucristo, nuestro Señor.
R. Amén.

En las exequias de un niño bautizado

J5

Santifica, Señor, los dones que te ofrecemos,
para que los papás de este niño (esta niña) que tú les habías
    dado,
y ahora te devuelven,
merezcan abrazarlo(la), llenos de alegría, en tu reino.
Por Jesucristo, nuestro Señor.
R. Amén.

En las exequias de un niño bautizado o no bautizado

J6

Dígnate, Señor Dios, recibir esta ofrenda
como signo de nuestra devoción,
para que, quienes confiadamente aceptamos
los designios de tu providencia,
recibamos también el dulce consuelo de tu piedad.
Por Jesucristo, nuestro Señor.
R. Amén.

Prefacio

El prefacio es el inicio de la Plegaria Eucarística y comienza con un diálogo litúrgico. Por favor, escoja una de las cinco opciones que se le presentan y anote su selección en la planilla para la preparación de la misa de difuntos.

K1

El Señor esté con ustedes.
R. Y con tu espíritu.

Levantemos el corazón.
R. Lo tenemos levantado hacia el Señor.

Demos gracias al Señor, nuestro Dios.
R. Es justo y necesario.

En verdad es justo y necesario,
es nuestro deber y salvación
darte gracias siempre y en todo lugar,
Señor, Padre santo,
Dios todopoderoso y eterno,
por Cristo, Señor nuestro.

En él resplandece
la esperanza de nuestra feliz resurrección;
y así, aunque la certeza de morir nos entristece,
nos consuela la promesa
de la futura inmortalidad.

Pues, para quienes creemos en ti, Padre,
la vida no se acaba, se transforma;
y disuelta nuestra morada terrenal,
se nos prepara una mansión
eterna en el cielo.

Por eso, con los ángeles y los arcángeles
con los tronos y dominaciones
y con todos los coros celestiales,
cantamos sin cesar el himno de tu gloria:

Santo, Santo, Santo es el Señor, Dios del universo.
Llenos están el cielo y la tierra de tu gloria.
Hosanna en el cielo.
Bendito el que viene en nombre del Señor.
Hosanna en el cielo.

K2

El Señor esté con ustedes.
R. Y con tu espíritu.

Levantemos el corazón.
R. Lo tenemos levantado hacia el Señor.

Demos gracias al Señor, nuestro Dios.
R. Es justo y necesario.

En verdad es justo y necesario,
es nuestro deber y salvación
darte gracias siempre y en todo lugar,
Señor, Padre santo,
Dios todopoderoso y eterno,
por Cristo, Señor nuestro.

Quien se dignó morir por todos,
para librarnos a todos de la muerte;
es más, quiso morir,
para que todos tuviéramos la vida eterna.

Por eso, unidos a los ángeles,
te aclamamos llenos de alegría:

Santo, Santo, Santo es el Señor, Dios del universo.
Llenos están el cielo y la tierra de tu gloria.
Hosanna en el cielo.
Bendito el que viene en nombre del Señor.
Hosanna en el cielo.

K3

El Señor esté con ustedes.
R. Y con tu espíritu.

Levantemos el corazón.
R. Lo tenemos levantado hacia el Señor.

Demos gracias al Señor, nuestro Dios.
R. Es justo y necesario.

En verdad es justo y necesario,
es nuestro deber y salvación
darte gracias siempre y en todo lugar,
Señor, Padre santo,
Dios todopoderoso y eterno,
por Cristo, Señor nuestro.

Él es la salvación del mundo,
la vida de los hombres
y la resurrección de los muertos.

Por él, los ángeles, y arcángeles,
te adoran eternamente, gozosos en tu presencia.
Permítenos unirnos a sus voces
cantando jubilosos tu alabanza:

Santo, Santo, Santo es el Señor, Dios del universo.
Llenos están el cielo y la tierra de tu gloria.
Hosanna en el cielo.
Bendito el que viene en nombre del Señor.
Hosanna en el cielo.

K4

El Señor esté con ustedes.
R. Y con tu espíritu.

Levantemos el corazón.
R. Lo tenemos levantado hacia el Señor.

Demos gracias al Señor, nuestro Dios,
R. Es justo y necesario.

En verdad es justo y necesario,
es nuestro deber y salvación
darte gracias siempre y en todo lugar,
Señor, Padre santo,
Dios todopoderoso y eterno.

Porque una decisión tuya nos da la vida;
tus voluntad la dirige,
y un mandato tuyo, por causa del pecado,
nos devuelve a la tierra
de la que fuimos formados.

Y a quienes hemos sido redimidos
por la muerte de tu Hijo,
por tu misma voluntad soberana
nos llamas a participar
de su gloriosa resurrección.

Por eso, con los ángeles y los santos,
te cantamos el himno de alabanza,
diciendo sin cesar:

Santo, Santo, Santo es el Señor, Dios del universo.
Llenos están el cielo y la tierra de tu gloria.
Hosanna en el cielo.
Bendito el que viene en nombre del Señor.
Hosanna en el cielo.

K5

El Señor este, con ustedes.
R. Y con tu espíritu.

Levantemos el corazón.
R. Lo tenemos levantado hacia el Señor.

Demos gracias al Señor, nuestro Dios.
R. Es justo y necesario.

En verdad es justo darte gracias
y deber nuestro glorificarte,
Padre santo.

Pues, si morimos por haberlo merecido,
es obra de tu misericordia y de tu gracia
el que seamos llamados a la vida con Cristo.
En efecto, por el pecado padecemos la muerte,
mas, por la victoria de tu Hijo,
fuimos redimidos.

Por eso, como los ángeles te cantan en el cielo,
así nosotros te proclamamos en la tierra,
diciendo sin cesar:

Santo, Santo, Santo es el Señor, Dios del universo.
Llenos están el cielo la tierra de tu gloria.
Hosanna en el cielo.
Bendito el que viene en nombre del Señor.
Hosanna en el cielo.

Plegaria eucarística*

Las Plegarias Eucarísticas II y III son especialmente apropiadas para usar en la Misa de Funeral, ya que proporcionan textos especiales de intercesión por los muertos. Puede elegir uno y grabarlo en la hoja de selección.

De la plegaria eucarística II

L1

Recuerda a tu hijo (hija) N.,
a quien llamaste (hoy)
de este mundo a tu presencia;
concédele que, así como ha compartido ya
la muerte de Jesucristo,
comparta también con él
la gloria de la resurrección.

De la plegaria eucarística III

L2

Recuerda a tu hijo (hija) N.,
a quien llamaste (hoy)
de este mundo a tu presencia;
concédele que, así como ha compartido ya
la muerte de Jesucristo,
comparta también con él
la gloria de la resurrección,
cuando Cristo haga resurgir de la tierra a los muertos,
y transforme nuestro cuerpo frágil
en cuerpo glorioso como el suyo.
Y a todos nuestros hermanos difuntos
y a cuantos murieron en tu amistad
recíbelos en tu reino,
donde esperamos gozar todos juntos
de la plenitude eternal de tu gloria;
allí enjugarás las lágrimas de nuestros ojos,
porque, al contemplarte como tú eres, Dios nuestro;
seremos para siempre semejantes a ti
y cantaremos eternamente tus alabanzas.

Por Cristo, Señor nuestro,
por quien concedes al mundo los bienes.

*Las oraciones son de *Misal Romano*, tercera edición.

Una nota para la familia: *La sección M representa el Rito de la Comunión. Incluye el Padrenuestro, seguido del intercambio de la señal de paz y el Cordero de Dios. Entonces, aquellos a quienes se les permite recibir la Sagrada Comunión se presentan para hacerlo mientras cantan un himno apropiado. Como no hay opciones de las familias para elegir, el texto del Rito de la Comunión no está incluido aquí.*

Oración después de la comunión*

Una vez concluida la distribución de la Sagrada Comunión, se produce un breve periodo de oración silenciosa durante el cual la comunidad reunida ofrece una acción de gracias a Dios. Después el sacerdote reza en voz alta una de las siguientes oraciones. Por, favor, anote su selección en la planilla correspondiente.

Fuera del tiempo pascual

N1

> Señor, Dios nuestro,
> ya que tu Hijo nos dejó el sacramento de su cuerpo
> como alimento para el camino,
> concédenos que nuestro hermano (nuestra hermana) N.
> sea conducido al banquete eterno del reino de Cristo.
> Él, que vive y reina por los siglos de los siglos.

N2

> Señor Dios todopoderoso,
> concede que tu hijo (tu hija) N.,
> a quien llamaste (hoy) de este mundo,
> sea purificado de sus pecados por este sacrificio
> y reciba el gozo eterno de la resurrección.
> Por Jesucristo, nuestro Señor.

*Las oraciones son de *Misal Romano*, tercera edición.

En el tiempo pascual

N3

Te rogamos, Señor, que tu siervo (tu sierva) N.,
por quien hemos celebrado este sacrificio pascual,
llegue a la morada de la luz y de la paz.
Por Jesucristo, nuestro Señor.

Otras oraciones para la Misa exequial

N4

Habiendo recibido el sacramento de tu Unigénito,
que se inmoló por nosotros y resucitó glorioso,
te pedimos humildemente, Señor, por tu siervo (tu sierva) N.,
para que, ya purificado por este sacrificio pascual,
alcance la gloria de la futura resurrección.
Por Jesucristo, nuestro Señor.

En las exequias de un niño bautizado

N5

Dios nuestro, habiendo recibido
la comunión del Cuerpo y la Sangre de tu Hijo,
te rogamos confiadamente
que, a quienes te dignaste alimentar con tus sagrados
    misterios
en la esperanza de la vida eterna,
les concedas hallar consuelo
en medio de las aflicciones de esta vida.
Por Jesucristo, nuestro Señor.

N6

Alimentados por estos dones divinos,
te rogamos, Señor,
nos concedas participar un día de la mesa de tu Reino,
a la cual ya has admitido a este niño (esta niña).
Por Jesucristo, nuestro Señor.

En las exequias de un niño no bautizado

N7

Dios nuestro, habiendo recibido
la comunión del Cuerpo y la Sangre de tu Hijo,
te rogamos confiadamente
que a quienes te dignaste alimentar con tus sagrados
    misterios,
puesta su esperanza en la vida eterna,
les concedas hallar consuelo
en medio de las aflicciones de esta vida.
Por Jesucristo, nuestro Señor.

Última despedida

Palabras de despedida
Invitación a la oración
Signos de despedida
Cántico de despedida
Oración de despedida

Palabras de despedida

Al terminar la oración después de la comunión, el sacerdote se coloca cerca del ataúd. Los ministros asistentes llevan el incensario y el agua bendita, si se van a usar.

Un miembro o amigo (amiga) de la familia puede pronunciar unas palabras en recuerdo del difunto antes de que empiece la última despedida.

Invitación a la oración

El sacerdote, de frente al pueblo, les invita a rezar utilizando las siguientes palabras u otras similares:

01

(171-A)*

Antes de separarnos, despidámonos de nuestro hermano (nuestra hermana). Que nuestro último adiós exprese nuestro afecto por él (ella), mitigue nuestra tristeza y fortalezca nuestra esperanza. Un día lo (la) saludaremos de nuevo con alegría cuando el amor de Cristo, amor que lo conquista todo, aniquile hasta la misma muerte. (Oremos en silencio).

*Números del *Ritual de exequias cristianas*.

O2

Confiados en Dios, juntos hemos orado por N. y ahora
llegamos al último adiós. Hay tristeza en el adiós, pero
nos fortalece la esperanza de que un día veremos a N. y
gozaremos de nuevo de su amistad. Aunque nos dispersemos
abatidos por el dolor, la misericordia de Dios nos congregará
nuevamente en el gozo de su reino. Por tanto, consolémonos
mutuamente en la fe de Jesucristo. (Oremos en silencio).

O3

Vamos ahora a cumplir con el deber de dar sepultura al
cuerpo de nuestro hermano (nuestra hermana). Fieles a la
costumbre cristiana, lo haremos pidiendo con fe a Dios, para
quien todos estamos vivos, que admita su alma entre sus
santos y que este cuerpo que hoy vamos a enterrar, lo resucite
un día lleno de vida y de gloria. Que, en el momento del
juicio, sea misericordioso para con nuestro hermano (nuestra
hermana) para que, libre de la muerte, absuelto (absuelta) de
sus culpas, reconciliado (reconciliada) con el Padre, llevado
(llevada) sobre los hombros del buen Pastor y agregado
(agregada) al séquito del Rey eterno, disfrute para siempre de
la gloria eterna y de la compañía de los santos.

O4

Recordemos ahora a nuestros hermanos(nuestro hermano N.,
nuestra hermana N.), que murieron (murió) en la paz de Cristo
y confiémoslos (confiémoslo; confiémosla) con fe y esperanza
al amor de Dios Padre.

Por el Bautismo [cuya memoria recordaremos al aspergir
sus (su) sepulcros (sepulcro)], fueron (fue) incorporados
(incorporado; incorporada) a la Iglesia, la familia de Cristo, y,
unidos (unido; unida) a nuestra comunidad (a la comunidad
eclesial), participaron (participó) asiduamente [con nosotros]
en la mesa del Señor.

Oremos también por nosotros mismos, para que los que
ahora lloramos y estamos entristecidos podamos un día salir
con nuestro hermano (nuestra hermana) al encuentro del
Señor de la vida cuando él aparezca en gloria.

O5 (402-3)

Ya que Dios ha querido llamar a sí de este mundo a nuestro hermano (nuestra hermana), nosotros ahora vamos a entregar su cuerpo a la tierra (colocar su cuerpo en el sepulcro), para que vuelva a la tierra de la que fue sacado, pues polvo somos y en polvo nos convertiremos.

Pero, porque creemos que Cristo resucitó como primogénito de entre los muertos, por ello confiamos que él transformará también su cuerpo ahora humillado y lo hará semejante a su cuerpo glorioso.

Con esta esperanza, encomendamos, pues, a Dios a nuestro hermano (nuestra hermana), para que lo (la) admita en la paz de su reino y lo (la) resucite en el último día.

Signos de despedida

[En este momento se puede rociar el ataúd con agua bendita e incensarlo, o esto se puede hacer durante el cántico de despedida o a continuación de éste. Si se roció el cuerpo con agua bendita durante el rito de recepción al comienzo de la Misa, de ordinario se omite la aspersión en el rito de última despedida.]

Cántico de despedida

Se entona el cántico de despedida. Pueden ser empleados los textos que se presentan a continuación u otros similares. Pudiera también utilizarse otro canto.

P1 (174)

¡Vengan en su ayuda, santos de Dios!
¡Salgan a su encuentro, ángeles del Señor!

R. Reciban su alma y preséntenla ante el Altísimo.

Cristo, que te llamó, te reciba;
y los ángeles te conduzcan al regazo de Abrahán.

R. Reciban su alma y preséntenla ante el Altísimo.

Concédele, Señor, el descanso eterno,
y brille para él (ella) la luz perpetua.

R. Reciban su alma y preséntenla ante el Altísimo.

P2 (403-2)

Recibe, Señor, nuestro Dios,
    el alma de este difunto (esta difunta)
    por quien derramaste tu sangre.

R. Acuérdate, Señor, de que somos polvo;
    como hierba, como flor del campo.

Señor, mis pecados me aterran,
    y ante ti me sonrojo.

R. Acuérdate, Señor, de que somos polvo;
    como hierba, como flor del campo.

P3 (403-3)

Señor, antes de que yo naciese, me conocías;
    a imagen tuya me modelaste.

R. Ahora te devuelvo el alma, Creador mío.

Señor, mis pecados me aterran,
    y ante ti me sonrojo.
Cuando vengas como Juez, no me condenes.

R. Ahora te devuelvo el alma, Creador mío.

P4 (403-4)

Creo que mi Redentor vive y que,
    al final de los tiempos, he de resucitar del polvo.

R. En esta carne mía, contemplaré a Dios, mi Salvador.

Lo veré yo mismo, no otro;
    mis propios ojos lo contemplarán.

R. En esta carne mía, contemplaré a Dios, mi Salvador.

Esta esperanza abrigo
    en mi corazón.

R. En esta carne mía, contemplaré a Dios, mi Salvador.

P5

(403-5)

¡Cristo Jesús resucitó!
Canten, naciones, al Señor
porque a la muerte derrotó!
¡Honor a nuestro Redentor!

Cante con gozo al Salvador,
la redimida humanidad,
y en Él confiese a su Señor
por su inmensa caridad.

P6

(403-6)

Tú que resucitaste a Lázaro del sepulcro:

R. Dale a nuestro hermano (nuestra hermana)
el descanso y el perdón.

**Concédele, Señor, el descanso eterno,
y brille para él (ella) la luz perpetua.**

R. Dale a nuestro hermano (nuestra hermana)
el descanso y el perdón.

P7

(403-7)

**Líbrame, Señor, del sendero de las tinieblas.
Tú que rompiste los portones de bronce
y visitaste a los encarcelados:
dándoles luz para que te vieran.**

R. Salvador nuestro, has llegado.

**Aquellos que estaban en tinieblas
clamaron y dijeron:**

R. Salvador nuestro, has llegado.

**Concédele, Señor, el descanso eterno,
y brille para él (ella) la luz perpetua.**

R. Salvador nuestro, has llegado.

Oración de despedida

El sacerdote pronuncia una la de las siguientes oraciones:

Q1

(175-A)

A tus manos, Padre de bondad,
encomendamos el alma
de nuestro hermano (nuestra hermana) N.,
con la firme esperanza
de que resucitará el último día,
con todos los que han muerto en Cristo;

[te damos gracias por todos los dones
con que lo (la) enriqueciste
a lo largo de su vida;
en ellos reconocemos un signo de tu amor
y de la comunión de los santos;]

acoge las oraciones que te presentamos
por este hermano nuestro (esta hermana nuestra)
que acaba de dejarnos
y ábrele las puertas de tu mansión;
a sus familiares y amigos,
y a todos nosotros,
que hemos quedado en este mundo,
concédenos saber consolarnos con palabras de fe,
hasta que también nos llegue el momento
de volver a reunirnos con él (ella),
junto a ti, en el gozo de tu reino eterno.
Por Jesucristo, nuestro Señor.
R. Amén.

Q2

(175-B)

Te pedimos, Señor, por tu siervo (sierva) N.,
que ha muerto ya para este mundo y ahora vive para ti;
que tu amor misericordioso borre los pecados
que cometió a causa de la fragilidad humana.
Por Jesucristo, nuestro Señor.
R. Amén.

Por un niño bautizado (una niña bautizada)

Q3

(404-2)

Señor Jesús,
tú que como el pastor que reúne a sus corderos
para protegerlos de todo daño,
condujiste a N. a las aguas del Bautismo
y lo (la) cubriste de inocencia;
condúcelo (condúcela) ahora
por la senda de tu reino de luz,
donde encontrará la felicidad
y toda lágrima será enjugada.
Tú, que vives y reinas por los siglos de los siglos.
R. Amén.

Q4

(404-3)

A tu tierno cuidado, Señor,
encomendamos a este niño (esta niña) [N.].
Nuestros corazones están atribulados,
pero confiamos en tu bondad amorosa.

El signo de la cruz
lo (la) reclamó para Cristo,
y las aguas del Bautismo
lo (la) incorporaron a su muerte y resurrección.

Que los ángeles, nuestros guardianes,
lo (la) conduzcan al paraíso,
donde tus santos lo (la) acogerán
y un día todos cantaremos tu alabanza eternamente.
Por Jesucristo, nuestro Señor.
R. Amén.

Procesión al lugar de sepultura

Sacerdote en voz alta:
Unidos en oración, acompañemos a nuestro hermano (nuestra hermana) al lugar de su sepultura.

Si se ha colocado un símbolo de vida cristiana sobre el ataúd, se remueve en este momento.

Luego comienza la procesión: el sacerdote y los ministros asistentes preceden al ataúd; la familia y los dolientes siguen detrás del ataúd.

Uno o más de los textos siguientes, u otros cantos apropiados, se pueden utilizar durante la procesión hacia la salida de la iglesia. El canto puede continuar durante el trayecto al lugar de sepultura.

La siguiente antífona se puede cantar con versículos del Salmo 24(25).

R1

Al paraíso te llevan los ángeles,
a tu llegada te reciban los mártires
y te introduzcan en la ciudad santa de Jerusalén.

*La siguiente antífona se puede cantar con versículos del Salmo 115(116), p. 278,
o separadamente.*

R2

El coro de los ángeles te reciba
y te conduzca al regazo de Abrahán,
y junto con Lázaro, pobre en esta vida,
tengas descanso eterno.

R3

El que cree en mí,
aunque haya muerto, vivirá.

R: Yo soy la resurrección y la vida.

El que está vivo y cree en mí
no morirá para siempre.

R: Yo soy la resurrección y la vida.

*También se pueden usar los siguientes salmos: 117(118), 41, 92(93), 24(25),
118(119)*

*En este momento se puede rociar el ataúd con agua bendita e incensarlo, o esto se
puede hacer durante el cántico de despedida o a continuación de este. Si se roció
el cuerpo con agua bendita durante el rito de recepción al comienzo de la Misa,
de ordinario se omite la aspersión en el rito de última despedida.*

Pensamientos sobre la cremación

La Iglesia Católica siente el mayor respeto por los cuerpos de sus miembros fallecidos. El cuerpo humano merece la mayor reverencia en todas sus etapas, desde la concepción hasta la muerte y se hace extensiva hasta el lugar de su reposo final. Tradicionalmente hemos inhumado a nuestros muertos o los hemos depositado en sepulcros similares a aquel en el que fue sepultado Cristo. Siglos atrás, esta práctica se mantuvo a pesar de la práctica pagana de la cremación establecida en ciertos lugares.

La inhumación sigue siendo la práctica preferida por la Iglesia y nuestros ritos fúnebres presuponen, en su mayor parte, la presencia del cuerpo. Si bien ya no necesitamos distinguirnos de las personas de cualquier fe distinta a la nuestra no que no profesan fe alguna, la presencia del cuerpo durante los ritos funerarios acentúa la centralidad de la esperanza de la resurrección y de nuestro reencuentro con nuestros seres queridos en el mundo futuro.

La Iglesia permite la cremación siempre que no se le haya elegido como negación a la creencia en la resurrección no cualquier otra doctrina católica. No hay dudas de que la cremación es una práctica cada vez más común, especialmente en los lugares en los escasea el terreno dedicado a los enterramientos, en los que la gestión ambiental sugiere que es una opción prudente o cuando consideraciones financieras así lo aconsejan. Cuando se opta por la cremación, el *Ritual de exequias cristianas* exhorta a que el cuerpo esté presente en la iglesia para la misa de difuntos siempre que sea posible, y que la cremación se realice después (refiere a párrafo 413). Con esto se permite a los dolientes dar su último adiós a su fallecido en el seno de la comunidad de fieles que se ha reunido para apoyarlos con sus oraciones, bendiciones y ceremonias propias de la liturgia de la Iglesia.

Cuando no resulta posible ni sensato celebrar la misa de cuerpo presente, las normas litúrgicas permiten que la misa de difuntos se celebre en presencia de los restos cremados siempre y cuando la máxima autoridad eclesiástica local (el obispo de la diócesis) haya dado autorización para ello (refiere a párrafo 418). Ya sea que la cremación se haya llevado a cabo antes o después de la ceremonia de difuntos, los restos cremados habrán de ser tratados con el mismo respeto con el que se trata el cuerpo humano. Ellas deberán ser depositadas en una tumba o en un mausoleo o columbario –nichos destinados a la conservación de las cenizas. La Iglesia no autoriza que los restos cremados sean esparcidos ni que sean guardados en el hogar (refiere a párrafo 417).

La liturgia de las honras fúnebres en presencia de los restos cremados se diferencia solo ligeramente de la que se desarrolla en el caso del cuerpo presente. El sacerdote que colabora con usted en la preparación de las exequias le ayudará a entender exactamente cómo se desarrollará la liturgia.

Otra forma de despedida

Cuando el sepelio se ha demorado o cuando se ha de cremar el cuerpo antes del entierro, el diácono, o en su ausencia, el sacerdote (o, fuera de la Misa, él que preside) dice las siguientes palabras, u otras semejantes:

Con la firme y cierta esperanza de la resurrección,
Nos despedimos de nuestro hermano (nuestra hermana):
vayamos en paz.

Sepelio de los restos cremados (219-B)

Con la firme y cierta esperanza de la resurrección a la vida
eterna por mediación de Jesucristo, nuestro Señor,
encomendamos a Dios todopoderoso a nuestro hermano
(nuestra hermana) N. [N., nuestro niño (nuestra niña)],
y entregamos sus restos a la tierra
[o bien: a lo profundo o a los elementos o a su lugar de descanso]:
tierra a la tierra, cenizas a las cenizas, polvo al polvo.
El Señor lo (la) bendiga y lo (la) guarde,
el Señor haga brillar su rostro sobre él (ella) y le muestre
su favor,
el Señor vuelva su mirada sobre él (ella) y le dé la paz.
R. Amén.

Monseñor Joseph M. Champlin desarrolló su ministerio sacramental como sacerdote residente en la iglesia de Nuestra Señora del Buen Consejo (Our Lady of Good Counsel) en Warners, estado de Nueva York. Fue también párroco de la Catedral de la Inmaculada Concepción en su diócesis central de Syracuse. Es un prolífico autor con diversas obras publicadas sobre los temas de la atención pastoral y cuestiones relativas a la espiritualidad. Frecuentemente participó como invitado especial en el programa *Seize the Day* conducido por Gus Lloyd que sale al aire por el canal 159 de la Sirius Radio. Champlin acumuló más de dos millones de millas en los viajes que como conferencista realizara por los Estados Unidos y otros países. Joseph Champlin murió en enero de 2008.

Planilla para la preparación de la misa de difuntos

Misa de difuntos por _____

Fecha _____

Hora _____

Sacerdote celebrante _____

Iglesia _____

Ritos introductorios

Saludo: páginas 1–2   No. A_____

Colocación del palio funerario: página 2

_____ sacerdote   _____ familiar   o _____ amigo

Oración colecta: páginas 4–21   No. B_____

Liturgia de la Palabra

Primera lectura: páginas 24–31   No. C 5

Leída por: _____

Salmo responsorial: páginas 32–41   No. D 10

Leído o cantado por: _____

Segunda lectura: páginas 42–50   No. E 12

Leída por: _____

Versículos del aleluya y versículos
   antes del Evangelio: páginas 51-52   No. F 4

Lectura del Evangelio: páginas 53–68   No. G 1

Plegaria universal: páginas 69–77   No. H 2

Leída por: _____

Liturgia eucarística

Presentación de las ofrendas por:_____

Oración sobre las ofrendas: páginas 79–81   No. J_____

Prefacio: páginas 82–87   No. K_____

Plegaria eucarística II o III: página 88   No. L_____

Oración después de la comunión: páginas 89–91   No. N_____

Última despedida

Palabras de despedida por: _____

Invitación a la oración: páginas 93–95   No. O_____

Cántico de despedida: páginas 95–97   No. P_____

Oración de despedida: páginas 98–99   No. Q_____

Procesión al lugar de sepultura: páginas 101-102   No. R_____